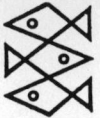

Erstmals vollständig, in den spanischen Originalen mit deutscher Parallelübersetzung, enthält dieser Band die Gedichte, die Borges zwischen 1973 und 1977 verfaßte. Es sind die Bände ›La rosa profunda/Die tiefe Rose‹, ›La moneda de hierro/Die eiserne Münze‹ und ›Historia de la noche/Geschichte der Nacht‹. Freie und gebundene Verse, Sonette und Elegien, Blicke ins eigene Innere, in die Vergangenheit, Verarbeitung der Zeit und der Bücher, aber auch die Alpträume der Gegenwart: Borges' einzigartiger poetischer Kosmos.

Jorge Luis Borges (* 1899 Buenos Aires, † 1986 Genf) ist einer der wichtigsten Autoren des 20. Jahrhunderts; ohne sein wegweisendes und bahnbrechendes Werk wäre die moderne hispanische Literatur undenkbar. Die Vielfalt seiner Themen und die Perfektion seiner Formen in Erzählung, Essay und Lyrik machten ihn schon zu Lebzeiten zum Klassiker der Weltliteratur auch außerhalb der spanischsprachigen Welt. Mit Joyce und Proust teilt er die Auszeichnung, den Nobelpreis nicht bekommen zu haben.

Die Herausgeber:

Gisbert Haefs (* 1950) studierte Hispanistik und Anglistik, verfaßte u.a. *Hannibal* (Roman, 1989), *Freudige Ereignisse* (Geschichten, 1990), Krimis und Hörspiele. Als Übersetzer und Herausgeber betreut er u.a. die deutschen Werkausgaben von Rudyard Kipling, Ambrose Bierce und Jorge Luis Borges.

Fritz Arnold (* 1916) studierte Kunst- und Literaturwissenschaft und veröffentlichte den Essayband *Welt im Wort* (1987). Er war freier Journalist und Redakteur (›Neue Zeitung‹, ›Prisma‹, ›Thema‹, ›Perspektiven‹) sowie Lektor der Fischer Bücherei und bei den Verlagen Insel und Carl Hanser. Mitglied des PEN-Clubs und Mitbegründer der Münchner Autorenbuchhandlung.

Jorge Luis Borges
Werke in 20 Bänden
Herausgegeben von
Gisbert Haefs und Fritz Arnold

Band 14

Jorge Luis Borges
ROSE UND MÜNZE

Gedichte 1973 – 1977

La rosa profunda
Die tiefe Rose
La moneda de hierro
Die eiserne Münze
Historia de la noche
Geschichte der Nacht

Übersetzt von Gisbert Haefs

Fischer Taschenbuch Verlag

Veröffentlicht im Fischer Taschenbuch Verlag GmbH,
Frankfurt am Main, Oktober 1994

Alle Rechte dieser Ausgabe
© Carl Hanser Verlag München Wien 1994
Jorge Luis Borges
OBRAS COMPLETAS
© 1974, 1979 by Emece Editores, S. A., Buenos Aires;
© 1988, 1989, 1991, 1992 by Emece Editores and María Kodama,
Executrix of the Estate of Jorge Luis Borges. All rights reserved,
including the right of reproduction in whole or in part in any form.
This edition by arrangement with Emece Editores and the Estate
of Jorge Luis Borges.
Quellennachweis auf Seite 263
Satz: Reinhard Amann, Aichstetten
Druck und Bindung: Clausen & Bosse, Leck
Printed in Germany
ISBN 3-596-10590-0

Gedruckt auf chlor- und säurefreiem Papier

Inhalt

La rosa profunda
Die tiefe Rose
(1975)

Vorwort

Zur romantischen Lehre von einer Muse, die die Poeten inspiriert, bekannten sich die Klassiker; die klassische Lehre vom Gedicht als Leistung der Intelligenz wurde von einem Romantiker, Poe, um 1846 verkündet. Der Tatbestand ist paradox. Außer einigen Sonderfällen traumhafter Inspiration – der Traum des Hirten, von dem Beda berichtet, Coleridges berühmter Traum – besitzen offensichtlich beide Lehren ihren Teil der Wahrheit, abgesehen davon, daß sie verschiedenen Etappen des Vorgangs entsprechen. (Unter Muse haben wir das zu verstehen, was die Hebräer und Milton den Geist nannten und unsere traurige Mythologie das Unbewußte nennt.) Was mich betrifft, so ist der Vorgang mehr oder minder unveränderlich. Ich beginne eine Form zu ahnen, eine Art ferner Insel, die später eine Erzählung oder ein Gedicht sein wird. Ich sehe das Ende und sehe den Anfang, nicht das, was zwischen beiden liegt. Dies enthüllt sich mir allmählich, wenn die Sterne und der Zufall günstig sind. Mehr als einmal muß ich den Weg durch die Schattenzone doppelt zurücklegen. Ich versuche so wenig wie möglich in die Entwicklung des Werks einzugreifen. Ich möchte nicht, daß meine Meinungen, das Wertloseste, was wir besitzen, es verzerren. Der Begriff der engagierten Kunst ist Tölpelei, weil niemand im geringsten weiß, was er ausführt. Ein Schriftsteller, bekannte Kipling, kann eine Fabel aushecken, aber nicht in ihre Moral eindringen. Er muß seiner Einbildungskraft treu sein und nicht den bloßen flüchtigen Umständen einer vermuteten »Wirklichkeit«.

Die Literatur geht vom Vers aus und mag erst nach Jahrhunderten die Möglichkeit der Prosa erkennen. Aus vierhundert Jahren haben die Angelsachsen eine nicht selten wunderbare Dichtung hinterlassen und eine kaum bemerkbare Prosa. Das Wort dürfte am Anfang ein magisches Symbol gewesen sein, das der Wucher der Zeit verbraucht haben mag. Die Sendung des Dichters wäre es, dem Wort, wenn auch nur teilweise, seine ursprüngliche und nun verborgene Tugend zurückzuerstatten. Zwei Pflichten hätte jeder Vers: einen genauen Umstand mitzuteilen und uns körperlich zu berühren, wie die Nähe des Meeres. Hier ein Beispiel Vergils:

> *Sunt lacrymae rerum et mentem mortalia tangunt*

Eines von Meredith:

> *Not till the fire is dying in the grate*
> *Look we for any kinship with the stars*

Oder dieser Alexandriner von Lugones, dessen Spanisch zum Lateinischen zurückkehren möchte:

> *El hombre numeroso de penas y de días.*

> [Der Mensch, zahlreich an Kummer und Tagen]

Solche Verse gehen im Gedächtnis ihren wechselvollen Weg.

Am Ende so vieler – und zu vieler – Jahre der Ausübung der Literatur bekenne ich mich nicht zu einer Ästhetik. Wozu den natürlichen Grenzen, die uns die Gewohnheit aufzwingt, diejenigen einer beliebigen Theorie hinzufügen? Theorien sind, wie die Überzeugungen politischer oder religiöser Art, nichts anderes als Reize. Sie variieren je nach Schriftsteller. Whitman hatte recht, den Reim abzulehnen; diese Ablehnung wäre im Fall Hugos unsinnig gewesen.

Beim Lesen der Fahnen dieses Buches stelle ich mit einigem Mißbehagen fest, daß die Blindheit einen weinerlichen Platz einnimmt, den sie in meinem Leben nicht hat. Die Blindheit ist eine Klausur, aber auch eine Befreiung, eine den Erfindungen günstige Einsamkeit, ein Schlüssel und eine Algebra.

Buenos Aires, Juni 1975   J. L. B.

Yo

La calavera, el corazón secreto,
Los caminos de sangre que no veo,
Los túneles del sueño, ese Proteo,
Las vísceras, la nuca, el esqueleto.
Soy esas cosas. Increíblemente
Soy también la memoria de una espada
Y la de un solitario sol poniente
Que se dispersa en oro, en sombra, en nada.
Soy el que ve las proas desde el puerto;
Soy los contados libros, los contados
Grabados por el tiempo fatigados;
Soy el que envidia a los que ya se han muerto.
Más raro es ser el hombre que entrelaza
Palabras en un cuarto de una casa.

Ich

Der Schädelknochen, das geheime Herz,
die Wege des Blutes die ich nicht sehe,
die Tunnel des Traums, der ein Proteus ist,
die Eingeweide, der Hals, das Skelett.
Ich bin all dieses. Unglaublicherweise
bin ich auch die Erinnerung an ein Schwert
und an eine einsam sinkende Sonne,
die sich zu Gold streut, zu Schatten, zu Nichts.
Ich bin der vom Hafen aus Schiffe sieht,
bin die gezählten Bücher, die gezählten
Stiche, die von der Zeit ermüdet sind,
bin der jene beneidet die längst starben.
Noch seltsamer ist es, der Mensch zu sein,
der Wörter flicht im Zimmer eines Hauses.

Cosmogonía

Ni tiniebla ni caos. La tiniebla
Requiere ojos que ven, como el sonido
Y el silencio requieren el oído,
Y el espejo, la forma que lo puebla.
Ni el espacio ni el tiempo. Ni siquiera
Una divinidad que premedita
El silencio anterior a la primera
Noche del tiempo, que será infinita.
El gran río de Heráclito el Oscuro
Su curso misterioso no ha emprendido,
Que del pasado fluye hacia el futuro,
Que del olvido fluye hacia el olvido.
Algo que ya padece. Algo que implora.
Después la historia universal. Ahora.

Kosmogonie

Nicht Finsternis noch Chaos. Finsternis
verlangt Augen die sehen, wie der Klang
und die Stille nach dem Gehör verlangen,
der Spiegel nach der Form die ihn bevölkert.
Weder der Raum noch die Zeit. Nicht einmal
eine Gottheit, die jene Stille vor
der ersten Nacht – sie wird unendlich sein –
der Zeit vorausbedenkt. Der große Fluß
von Heraklit dem Dunklen hat noch nicht
seinen mysteriösen Lauf begonnen,
der vom Vergangenen zur Zukunft fließt,
der vom Vergessen hinfließt zum Vergessen.
Etwas das schon leidet. Etwas das fleht.
Dann die Universalgeschichte. Jetzt.

El sueño

Cuando los relojes de la media noche prodiguen
Un tiempo generoso,
Iré más lejos que los bogàvantes de Ulises
A la región del sueño, inaccesible
A la memoria humana.
De esa región inmersa rescato restos
Que no acabo de comprender:
Hierbas de sencilla botánica,
Animales algo diversos,
Diálogos con los muertos,
Rostros que realmente son máscaras,
Palabras de lenguajes muy antiguos
Y a veces un horror incomparable
Al que nos puede dar el día.
Seré todos o nadie. Seré el otro
Que sin saberlo soy, el que ha mirado
Ese otro sueño, mi vigilia. La juzga,
Resignado y sonriente.

Der Traum

Wenn die Uhren der Mitternacht
eine großmütige Zeit verströmen,
werde ich weiter gehen als die Vorruderer des Odysseus
in die Region des Traums, unzugänglich
dem menschlichen Erinnern.
Aus diesem Flutland berge ich Reste,
die ich nie ganz begreife:
Gräser von schlichter Botanik,
leicht abweichende Tiere,
Gespräche mit den Toten,
Gesichter die in Wahrheit Masken sind,
Wörter aus uralten Sprachen
und manchmal ein Grauen, nicht vergleichbar
dem, das uns der Tag geben kann.
Ich werde alle sein oder keiner. Ich werde der Andere sein,
der ich bin, ohne es zu wissen, der betrachtet hat
diesen anderen Traum, mein Wachen. Er beurteilt es,
resigniert und lächelnd.

Browning resuelve ser poeta

Por estos rojos laberintos de Londres
descubro que he elegido
la más curiosa de las profesiones humanas,
salvo que todas, a su modo, lo son.
Como los alquimistas
que buscaron la piedra filosofal
en el azogue fugitivo,
haré que las comunes palabras
— naipes marcados del tahúr, moneda de la plebe —
rindan la magia que fue suya
cuando Thor era el numen y el estrépito,
el trueno y la plegaria.
En el dialecto de hoy
diré a mi vez las cosas eternas;
trataré de no ser indigno
del gran eco de Byron.
Este polvo que soy será invulnerable.
Si una mujer comparte mi amor
mi verso rozará la décima esfera de los cielos concéntricos;
si una mujer desdeña mi amor
haré de mi tristeza una música,
un alto río que siga resonando en el tiempo.
Viviré de olvidarme.
Seré la cara que entreveo y que olvido,
seré Judas que acepta
la divina misión de ser traidor,
seré Calibán en la ciénaga,
seré un soldado mercenario que muere
sin temor y sin fe,
seré Polícrates que ve con espanto
el anillo devuelto por el destino,
seré el amigo que me odia.
El persa me dará el ruiseñor y Roma la espada.

Browning beschließt Dichter zu sein

In diesen roten Labyrinthen Londons
entdecke ich, daß ich erwählt habe
den seltsamsten der menschlichen Berufe,
sofern nicht alle das auf ihre Art sind.
Wie die Alchimisten,
die den Stein der Weisen suchten
im flüchtigen Quecksilber,
werde ich die gewöhnlichen Wörter
– gezinkte Karten des Spielers, Kleingeld der Menge –
zwingen, die Magie preiszugeben, die ihnen gehörte,
als Thor der Gott war und das Dröhnen,
der Donner und das Gebet.
Im Dialekt von heute
werde ich meinerseits die ewigen Dinge sagen;
ich werde versuchen, des großen Echos
von Byron nicht unwürdig zu sein.
Dieser Staub, der ich bin, wird unverwundbar sein.
Wenn eine Frau meine Liebe teilt,
wird mein Vers die zehnte Sphäre der konzentrischen Himmel
wenn eine Frau meine Liebe verschmäht,   [berühren;
werde ich aus meinem Kummer eine Musik machen,
einen hehren Fluß, der in der Zeit weiterhallen soll.
Ich werde davon leben, daß ich mich vergesse.
Ich werde das Gesicht sein, das ich flüchtig sehe und vergesse,
ich werde Judas sein, der die
göttliche Mission annimmt, Verräter zu sein,
ich werde Caliban sein im Sumpf,
ich werde ein Söldner sein, der stirbt
ohne Furcht und ohne Glauben,
ich werde Polykrates sein, der mit Entsetzen
den Ring sieht, vom Schicksal zurückgegeben,
ich werde der Freund sein, der mich haßt.
Der Perser wird mir die Nachtigall geben und Rom das Schwert.

Máscaras, agonías, resurrecciones,
destejerán y tejerán mi suerte
y alguna vez seré Robert Browning.

Masken, Todeskämpfe, Auferstehungen
werden mein Schicksal entflechten und flechten,
und irgendwann werde ich Robert Browning sein.

Inventario

Hay que arrimar una escalera para subir. Un tramo le falta.

¿Qué podemos buscar en el altillo

Sino lo que amontona el desorden?

Hay olor a humedad.

El atardecer entra por la pieza de plancha.

Las vigas del cielo raso están cerca y el piso está vencido.

Nadie se atreve a poner el pie.

Hay un catre de tijera desvencijado.

Hay unas herramientas inútiles.

Está el sillón de ruedas del muerto.

Hay un pie de lámpara.

Hay una hamaca paraguaya con borlas, deshilachada.

Hay aparejos y papeles.

Hay una lámina del estado mayor de Aparicio Saravia.

Hay una vieja plancha a carbón.

Hay un reloj de tiempo detenido, con el péndulo roto.

Hay un marco desdorado, sin tela.

Hay un tablero de cartón y unas piezas descabaladas.

Hay un brasero de dos patas.

Hay una petaca de cuero.

Hay un ejemplar enmohecido del *Libro de los Mártires* de Foxe,
    en intrincada letra gótica.

Hay una fotografía que ya puede ser de cualquiera.

Hay una piel gastada que fue de tigre.

Hay una llave que ha perdido su puerta.

¿Qué podemos buscar en el altillo

Sino lo que amontona el desorden?

Al olvido, a las cosas del olvido, acabo de erigir este
    monumento,

Sin duda menos perdurable que el bronce y que se confunde
    con ellas.

Inventar

Man muß eine Leiter anstellen, um hinaufzusteigen. Eine
 Sprosse fehlt.
Was können wir anderes auf dem Speicher suchen,
als was die Unordnung auftürmt?
Es riecht feucht.
Die Abenddämmerung dringt durchs Bügelzimmer ein.
Die Deckenbalken sind niedrig und der Boden eingesunken.
Keiner wagt aufzutreten.
Da ist ein ausgeleiertes Klappbett.
Da ist einiges unbrauchbares Werkzeug.
Da steht der Rollstuhl des Toten.
Da ist ein Lampenfuß.
Da ist eine zerfranste Hängematte aus Paraguay, mit Troddeln.
Da sind Geräte und Papiere.
Da ist ein Bild von Aparicio Saravias Generalstab.
Da ist ein altes Kohlebügeleisen.
Da ist eine Uhr mit angehaltener Zeit und zerbrochenem
 Pendel.
Da ist ein abgeblätterter Goldrahmen, ohne Bild.
Da ist ein Spielbrett aus Pappe mit einzelnen Figuren.
Da ist ein Kohlebecken mit zwei Füßen.
Da ist ein Lederkoffer.
Da ist ein angeschimmeltes Exemplar von Foxes *Book of
 Martyrs* in komplizierter Fraktur.
Da ist eine Fotografie, die längst jeder sein könnte.
Da ist ein morsches Fell, das einem Tiger gehört hat.
Da ist ein Schlüssel, der seine Tür verloren hat.
Was können wir anderes auf dem Speicher suchen,
als was die Unordnung auftürmt?
Dem Vergessen, den Dingen des Vergessens habe ich dies
 Monument errichtet,
zweifellos weniger dauerhaft als Erz, und es vermischt sich
 mit ihnen.

La pantera

Tras los fuertes barrotes la pantera
Repetirá el monótono camino
Que es (pero no lo sabe) su destino
De negra joya, aciaga y prisionera.
Son miles las que pasan y son miles
Las que vuelven, pero es una y eterna
La pantera fatal que en su caverna
Traza la recta que un eterno Aquiles
Traza en el sueño que ha soñado el griego.
No sabe que hay praderas y montañas
De ciervos cuyas trémulas entrañas
Deleitarían su apetito ciego.
En vano es vario el orbe. La jornada
Que cumple cada cual ya fue fijada.

Der Panther

Hinter den starken Stäben wird der Panther
den eintönigen Weg stets wiederholen,
der (doch weiß er es nicht) sein Schicksal ist
des schwarzen Juwels, unselig gefangen.
Tausende gehen und Tausende kehren
zurück, aber einzig und ewig ist
der Panther, schicksalhaft, der in der Höhle
die Gerade zieht, die ewig ein Achilles
im Traum zieht, den der Grieche einmal träumte.
Er weiß nicht, daß es Wiesen gibt und Berge
mit Hirschen, deren bebende Gedärme
für seine blinde Gier ein Schwelgen wären.
Vergebens ist die Welt Vielfalt. Das Etmal,
das jeder von uns geht, steht längst schon fest.

El bisonte

Montañoso, abrumado, indescifrable,
Rojo como la brasa que se apaga,
Anda fornido y lento por la vaga
Soledad de su páramo incansable.
El armado testuz levanta. En este
Antiguo toro de durmiente ira,
Veo a los hombres rojos del Oeste
Y a los perdidos hombres de Altamira.
Luego pienso que ignora el tiempo humano,
Cuyo espejo espectral es la memoria.
El tiempo no lo toca ni la historia
De su decurso, tan variable y vano.
Intemporal, innumerable, cero,
Es el postrer bisonte y el primero.

Der Bison

Bergig, erdrückend, unenträtselbar,
rot wie die Kohlenglut, wenn sie erlischt,
geht er wuchtig und langsam durch die vage
Einsamkeit seines unendlichen Ödlands.
Er hebt die gewappnete Stirn. In diesem
uralten Stier voll von schlummerndem Zorn
seh ich die Roten Männer aus dem Westen
und die Verschollenen von Altamira.
Dann denk ich, daß er Menschenzeit nicht kennt,
deren Spuk-Spiegel das Gedächtnis ist.
Die Zeit berührt ihn nicht, noch die Geschichte
ihres Ablaufs, so vielfältig und eitel.
Außerhalb der Zeit, unzählig und Null,
ist er der erste Bison und der letzte.

El suicida

No quedará en la noche una estrella.
No quedará la noche.
Moriré y conmigo la suma
Del intolerable universo.
Borraré las pirámides, las medallas,
Los continentes y las caras.
Borraré la acumulación del pasado.
Haré polvo la historia, polvo el polvo.
Estoy mirando el último poniente.
Oigo el último pájaro.
Lego la nada a nadie.

Der Selbstmörder

Kein Stern wird bleiben in der Nacht.
Die Nacht wird nicht bleiben.
Ich werde sterben, und mit mir die Summe
des unerträglichen Universums.
Ich werde die Pyramiden tilgen, die Orden,
die Kontinente und die Gesichter.
Ich werde die Anhäufung der Vergangenheit tilgen.
Ich werde die Geschichte zu Staub machen, den Staub zu
    Staub.
Ich betrachte den letzten Sonnenuntergang.
Ich höre den letzten Vogel.
Ich vermache Keinem das Nichts.

Espadas

Gram, Durendal, Joyeuse, Excalibur.
Sus viejas guerras andan por el verso,
Que es la única memoria. El universo
Las siembra por el Norte y por el Sur.
En la espada persiste la osadía
De la diestra viril, hoy polvo y nada;
En el hierro o el bronce, la estocada
Que fue sangre de Adán un primer día.
Gestas he enumerado de lejanas
Espadas cuyos hombres dieron muerte
A reyes y serpientes. Otra suerte
De espadas hay, murales y cercanas.
Déjame, espada, usar contigo el arte;
Yo, que no he merecido manejarte.

Schwerter

Gram, Durendal, Joyeuse, Excalibur.
Es wandern ihre alten Kriege durch
den Vers, der einziges Erinnern ist.
Die Welt verstreut sie im Norden und Süden.
Im Schwert verharrt noch die Verwegenheit
der rechten Manneshand, heut Staub und Nichts;
im Eisen, in der Bronze lebt der Stich,
der Adams Blut war eines ersten Tages.
Ich habe Taten aufgezählt von längst
entlegenen Schwertern, deren Männer Schlangen
und Könige erschlugen. Es gibt andre
Arten von Schwertern, an der Wand, ganz nah.
Laß mich, o Schwert, bei dir die Kunst verwenden;
ich, der ich nicht verdiente, dich zu führen.

Al ruiseñor

¿En qué noche secreta de Inglaterra
O del constante Rhin incalculable,
Perdida entre las noches de mis noches,
A mi ignorante oído habrá llegado
Tu voz cargada de mitologías,
Ruiseñor de Virgilio y de los persas?
Quizá nunca te oí, pero a mi vida
Se une tu vida, inseparablemente.
Un espíritu errante fue tu símbolo
En un libro de enigmas. El Marino
Te apodaba sirena de los bosques
Y cantas en la noche de Julieta
Y en la intrincada página latina
Y desde los pinares de aquel otro
Ruiseñor de Judea y de Alemania,
Heine el burlón, el encendido, el triste.
Keats te oyó para todos, para siempre.
No habrá uno solo entre los claros nombres
Que los pueblos te dan sobre la tierra
Que no quiera ser digno de tu música,
Ruiseñor de la sombra. El agareno
Te soñó arrebatado por el éxtasis
El pecho traspasado por la espina
De la cantada rosa que enrojeces
Con tu sangre final. Asiduamente
Urdo en la hueca tarde este ejercicio,
Ruiseñor de la arena y de los mares,
Que en la memoria, exaltación y fábula,
Ardes de amor y mueres melodioso.

An die Nachtigall

In welcher geheimen Nacht Englands oder
des unberechenbar stetigen Rheins,
verloren in den Nächten meiner Nächte,
mag an mein unwissendes Ohr gedrungen
sein deine Stimme voll Mythologien,
Nachtigall des Vergilius und der Perser?
Vielleicht hab ich dich nie gehört, doch ist
mit meinem Leben deines untrennbar
verbunden. Ein schweifender Geist war dein
Symbol in einem Rätselbuch. Marino
hat dich Sirene der Wälder genannt,
und du singst in Julias Nacht und auf
der Seite aus verwickeltem Latein
und aus den Fichtenwäldern jener andren
Nachtigall aus Judäa und aus Deutschland,
des Spötters Heine, des Hitzigen, Tristen.
Keats hörte dich für alle und für immer.
Es gibt unter den lichten Namen, die
die Völker dir auf Erden geben, keinen,
der nicht würdig sein will deiner Musik,
Nachtigall in den Schatten. Dich erträumte
der Maure, hingerissen von Ekstase,
die Brust durchdrungen von dem Dorn der Rose,
die du besungen hast, die du nun rötest
mit deinem letzten Blut. Beflissen heck ich
im hohlen Abend diese Übung aus,
o Nachtigall des Sandes und der Meere,
die du in der Erinnerung – Preis und Fabel –
von Liebe loderst und stirbst: melodiös.

Soy

Soy el que sabe que no es menos vano
Que el vano observador que en el espejo
De silencio y cristal sigue el reflejo
O el cuerpo (da lo mismo) del hermano.
Soy, tácitos amigos, el que sabe
Que no hay otra venganza que el olvido
Ni otro perdón. Un dios ha concedido
Al odio humano esta curiosa llave.
Soy el que pese a tan ilustres modos
De errar, no ha descifrado el laberinto
Singular y plural, arduo y distinto,
Del tiempo, que es de uno y es de todos.
Soy el que es nadie, el que no fue una espada
En la guerra. Soy eco, olvido, nada.

Ich bin

Ich bin der weiß, er ist nicht minder eitel
als der eitle Betrachter, der im Spiegel
aus Glas und Schweigen den Reflex verfolgt
oder den Körper (das ist gleich) des Bruders.
Ich, stille Freunde, bin der weiß, es gibt
keine andre Rache als das Vergessen
und kein andres Vergeben. Ein Gott gab
menschlichem Haß diesen seltsamen Schlüssel.
Ich bin der trotz all der illustren Arten
des Irrens nicht das Labyrinth entziffert hat
– Einzahl und Mehrzahl, schwierig und verschieden –
der Zeit, die einem und allen gehört.
Ich bin der niemand ist, der nie ein Schwert war
im Krieg. Ich bin Echo, Vergessen, Nichts.

Quince monedas

Un poeta oriental

Durante cien otoños he mirado
Tu tenue disco.
Durante cien otoños he mirado
Tu arco sobre las islas.
Durante cien otoños mis labios
No han sido menos silenciosos.

El desierto

El espacio sin tiempo.
La luna es del color de la arena.
Ahora, precisamente ahora,
Mueren los hombres del Metauro y de Trafalgar.

Llueve

¿En qué ayer, en qué patios de Cartago,
Cae también esta lluvia?

Asterión

El año me tributa mi pasto de hombres
Y en la cisterna hay agua.
En mí se anudan los caminos de piedra.
¿De qué puedo quejarme?
En los atardeceres
Me pesa un poco la cabeza de toro.

Fünfzehn Münzen

Ein orientalischer Dichter

Hundert Herbste lang hab ich betrachtet
deine zarte Scheibe.
Hundert Herbste lang hab ich betrachtet
deine Sichel über den Inseln.
Hundert Herbste lang waren meine Lippen
nicht minder schweigsam.

Die Wüste

Der Raum ohne Zeit.
Der Mond hat die Farbe des Sandes.
Jetzt, genau jetzt
sterben die Männer am Metaurus und bei Trafalgar.

Es regnet

Auf welches Gestern, auf welche Patios von Karthago
fällt dieser Regen auch?

Asterion

Das Jahr zollt mir meine Nahrung an Menschen,
und in der Zisterne ist Wasser.
In mir verknäueln sich die steinernen Wege.
Worüber soll ich klagen?
An den Nachmittagen
drückt mich ein wenig der Stierkopf.

Un poeta menor

La meta es el olvido.
Yo he llegado antes.

Génesis, IV, 8

Fue en el primer desierto.
Dos brazos arrojaron una gran piedra.
No hubo un grito. Hubo sangre.
Hubo por vez primera la muerte.
Ya no recuerdo si fui Abel o Caín.

Nortumbria, 900 A. D.

Que antes del alba lo despojen los lobos;
La espada es el camino más corto.

Miguel de Cervantes

Crueles estrellas y propicias estrellas
Presidieron la noche de mi génesis;
Debo a las últimas la cárcel
En que soñé el Quijote.

El Oeste

El callejón final con su poniente.
Inauguración de la pampa.
Inauguración de la muerte.

Ein minderer Dichter

Das Ziel ist das Vergessen.
Ich kam zu früh.

Genesis 4:8

Es war in der ersten Wüste.
Zwei Arme warfen einen großen Stein.
Es gab keinen Schrei. Es gab Blut.
Es gab zum ersten Mal den Tod.
Ich weiß nicht mehr, ob ich Abel war oder Kain.

Northumbria, 900 A. D.

Vor dem Morgen sollen ihn die Wölfe fleddern;
das Schwert ist der kürzeste Weg.

Miguel de Cervantes

Grausame Sterne und günstige Sterne
thronten über der Nacht meines Werdens;
letzteren danke ich den Kerker,
in dem ich den Quijote träumte.

Der Westen

Die letzte Gasse mit Sonnenuntergang.
Einweihung der Pampa.
Einweihung des Todes.

Estancia El Retiro

El tiempo juega un ajedrez sin piezas
En el patio. El crujido de una rama
Rasga la noche. Fuera la llanura
Leguas de polvo y sueño desparrama.
Sombras los dos, copiamos lo que dictan
Otras sombras: Heráclito y Gautama.

El prisionero

Una lima.
La primera de las pesadas puertas de hierro.
Algún día seré libre.

Macbeth

Nuestros actos prosiguen su camino,
Que no conoce término.
Maté a mi rey para que Shakespeare
Urdiera su tragedia.

Eternidades

La serpiente que ciñe el mar y es el mar,
El repetido remo de Jasón, la joven espada de Sigurd.
Sólo perduran en el tiempo las cosas
Que no fueron del tiempo.

Estancia El Retiro

Die Zeit spielt ein Schach ohne Figuren
im Patio. Das Knistern eines Zweiges
ritzt die Nacht. Draußen verstreut
die Ebene Meilen von Staub und Traum.
Wir zwei Schatten schreiben, was andere
Schatten diktieren: Heraklit und Gautama.

Der Gefangene

Eine Feile.
Die erste der schweren Eisentüren.
Irgendwann werde ich frei sein.

Macbeth

Unsere Taten gehen ihren Weg,
der kein Ende hat.
Ich tötete meinen König, damit Shakespeare
seine Tragödie schreiben konnte.

Ewigkeiten

Die Schlange, die das Meer umgibt und das Meer ist,
das wiederholte Ruder Jasons, das junge Schwert Sigurds.
In der Zeit überdauern nur die Dinge,
die nicht der Zeit gehören.

E. A. P.

Los sueños que he soñado. El pozo y el péndulo.
El hombre de las multitudes. Ligeia ...
Pero también este otro.

El espía

En la pública luz de las batallas
Otros dan su vida a la patria
Y los recuerda el mármol.
Yo he errado oscuro por ciudades que odio.
Le di otras cosas.
Abjuré de mi honor,
Traicioné a quienes me creyeron su amigo,
Compré conciencias,
Abominé del nombre de la patria,
Me resigné a la infamia.

E. A. P.

Die Träume, die ich geträumt habe. Grube und Pendel.
Der Mensch der Massen. Ligeia ...
Aber auch dieser andere.

Der Spion

Im öffentlichen Licht der Schlachten
geben andere ihr Leben für das Vaterland,
und Marmor erinnert an sie.
Ich bin dunkel geirrt durch Städte die ich hasse.
Ich gab ihm andere Dinge.
Ich schwor meiner Ehre ab,
verriet jene, die mich für ihren Freund hielten,
kaufte Gewissen,
verfluchte den Namen des Vaterlands,
fand mich ab mit der Niedertracht.

Simón Carbajal

En los campos de Antelo, hacia el noventa
Mi padre lo trató. Quizá cambiaron
Unas parcas palabras olvidadas.
No recordaba de él sino una cosa:
El dorso de la oscura mano izquierda
Cruzado de zarpazos. En la estancia
Cada uno cumplía su destino:
Éste era domador, tropero el otro,
Aquél tiraba como nadie el lazo
Y Simón Carbajal era el tigrero.
Si un tigre depredaba las majadas
O lo oían bramar en la tiniebla,
Carbajal lo rastreaba por el monte.
Iba con el cuchillo y con los perros.
Al fin daba con él en la espesura.
Azuzaba a los perros. La amarilla
Fiera se abalanzaba sobre el hombre
Que agitaba en el brazo izquierdo el poncho,
Que era escudo y señuelo. El blanco vientre
Quedaba expuesto. El animal sentía
Que el acero le entraba hasta la muerte.
El duelo era fatal y era infinito.
Siempre estaba matando al mismo tigre
Inmortal. No te asombre demasiado
Su destino. Es el tuyo y es el mío,
Salvo que nuestro tigre tiene formas
Que cambian sin parar. Se llama el odio,
El amor, el azar, cada momento.

Simón Carbajal

Auf den Feldern Antelos, anno neunzig,
traf ihn mein Vater. Vielleicht haben sie
knappe vergessene Worte gewechselt.
Er wußte von ihm nur dies eine noch:
den Rücken seiner dunklen linken Hand
von Krallen überfurcht. Auf der Estancia
erfüllte jeder seine Schicksalspflicht:
Dieser war Zureiter, ein andrer Treiber,
jener warf wie kein anderer das Lasso,
und Simón Carabajal war der *tigrero*.
Wenn ein Tiger die Schafherden verheerte
oder man ihn im Dunkel brüllen hörte,
folgte Carbajal ihm durchs Unterholz.
Er nahm nur das Messer mit und die Hunde.
Er ließ die Hunde los. Das gelbe Raubtier
stürzte sich auf den Mann, der mit dem linken
Arm seinen Poncho schüttelte, der ihm
ein Schild und Köder war. Der weiße Bauch
des Tigers war entblößt. Das Tier empfand,
wie ihm der Stahl in den Leib drang, zum Tod.
Das Duell war fatal und war unendlich.
Immer hat er den selben unsterblichen
Tiger getötet. Sein Los sollte dich
nicht allzu sehr erstaunen. Es ist deines
und meines, nur hat unser Tiger Formen,
die unaufhörlich wechseln. Er heißt Haß,
heißt Liebe, Zufall und jeder Moment.

Sueña Alonso Quijano

El hombre se despierta de un incierto
Sueño de alfanjes y de campo llano
Y se toca la barba con la mano
Y se pregunta si está herido o muerto.
¿No lo perseguirán los hechiceros
Que han jurado su mal bajo la luna?
Nada. Apenas el frío. Apenas una
Dolencia de sus años postrimeros.
El hidalgo fue un sueño de Cervantes
Y don Quijote un sueño del hidalgo.
El doble sueño los confunde y algo
Esta pasando que pasó mucho antes.
Quijano duerme y sueña. Una batalla:
Los mares de Lepanto y la metralla.

Alonso Quijano träumt

Der Mann erwacht aus einem ungewissen
Traum voll von Krummsäbeln und flachem Feld
und tastet mit der Hand nach seinem Bart
und fragt sich, ob er wund ist oder tot.
Werden ihn denn die Magier nicht verfolgen,
die unter jenem Mond geschworen haben,
ihm zu schaden? Nichts. Kaum die Kälte. Kaum
eines der Leiden seiner späten Jahre.
Der Hidalgo war ein Traum von Cervantes
und Don Quijote ein Traum des Hidalgo.
Der Doppeltraum verschmilzt sie; es geschieht
nun etwas, was so lang vorher geschah.
Quijano schläft und träumt, von einer Schlacht:
Lepantos Meere und der Kugelhagel.

A un César

En la noche propicia a los lemures
Y a las larvas que hostigan a los muertos,
Han cuartelado en vano los abiertos
Ámbitos de los astros tus augures.
Del toro yugulado en la penumbra
Las vísceras en vano han indagado;
En vano el sol de esta mañana alumbra
La espada fiel del pretoriano armado.
En el palacio tu garganta espera
Temblorosa el puñal. Ya los confines
Del imperio que rigen tus clarines
Presienten las plegarias y la hoguera.
De tus montañas el horror sagrado
El tigre de oro y sombra ha profanado.

An einen Caesar

In der Nacht, die Lemuren günstig ist
und auch den Larven, die die Toten quälen,
haben all deine Wahrsager vergebens
die offenen Sternkreise unterteilt.
Vergebens haben sie die Eingeweide
des Stiers, gekehlt im Zwielicht, untersucht;
vergebens scheint die Sonne dieses Morgens
auf das getreue Schwert des Prätorianers.
Bebend erwartet deine Kehle im
Palast den Dolch. Schon längst ahnen die Grenzen
des Reichs, das deine Fanfaren regieren,
die Bittgebete und den Scheiterhaufen.
Den heiligen Schrecken deiner Berge hat
der Tiger aus Gold und Schatten geschändet.

Proteo

Antes que los remeros de Odiseo
Fatigaran el mar color de vino
Las inasibles formas adivino
De aquel dios cuyo nombre fue Proteo.
Pastor de los rebaños de los mares
Y poseedor del don de profecía,
Prefería ocultar lo que sabía
Y entretejer oráculos dispares.
Urgido por las gentes asumía
La forma de un león o de una hoguera
O de árbol que da sombra a la ribera
O de agua que en el agua se perdía.
De Proteo el egipcio no te asombres,
Tú, que eres uno y eres muchos hombres.

Proteus

Bevor noch die Ruderer des Odysseus
das weinfarbene Meer erschöpfen konnten,
erahne ich die unfaßbaren Formen
des Gottes, dessen Name Proteus war.
Hirte der Herden aller Meere und
Besitzer der Gabe der Prophetie,
zog er vor, zu verbergen, was er wußte,
Orakel widersprüchlich zu vermengen.
Von Leuten verfolgt, nahm er die Gestalt
eines Löwen an oder einer Flamme,
eines Baumes, der das Ufer beschattet,
des Wassers, das im Wasser sich verlor.
Staune nicht über Proteus den Ägypter,
du, der du einer bist und viele Menschen.

Otra versión de Proteo

Habitador de arenas recelosas,
Mitad dios y mitad bestia marina,
Ignoró la memoria, que se inclina
Sobre el ayer y las perdidas cosas.
Otro tormento padeció Proteo
No menos cruel, saber lo que ya encierra
El porvenir: la puerta que se cierra
Para siempre, el troyano y el aqueo.
Atrapado, asumía la inasible
Forma del huracán o de la hoguera
O del tigre de oro o la pantera
O de agua que en el agua es invisible.
Tú también estás hecho de inconstantes
Ayeres y mañanas. Mientras, antes ...

Andere Fassung von Proteus

Er war Bewohner argwöhnischer Sände,
halb war er Gott und halb ein Meerestier,
und kannte er nicht das Gedächtnis, das sich
über das Gestern und Verlorenes neigt.
Weitere Qual erlitt Proteus, nicht minder
grausam – zu kennen, was die Zukunft längst
schon birgt: die Tür, die sich für immer schließt,
jeden Trojaner und jeden Achaier.
Bedrängt nahm er die ungreifbare Form
des Sturmes oder die des Feuers an,
des goldenen Tigers oder des Panthers
oder des Wassers, unsichtbar im Wasser.
Auch du bestehst aus unbeständigen
Gestern und Morgen. Währenddessen, vorher ...

Un mañana

Loada sea la misericordia
De Quien, ya cumplidos mis setenta años
Y sellados mis ojos,
Me salva de la venerada vejez
Y de las galerías de precisos espejos
De los días iguales
Y de los protocolos, marcos y cátedras
Y de la firma de incansables planillas
Para los archivos del polvo
Y de los libros, que son simulacros de la memoria,
Y me prodiga el animoso destierro,
Que es acaso la forma fundamental del destino argentino,
Y el azar y la joven aventura
Y la dignidad del peligro,
Según dictaminó Samuel Johnson.
Yo, que padecí la vergüenza
De no haber sido aquel Francisco Borges que murió en 1874
O mi padre, que enseñó a sus discípulos
El amor de la psicología y no creyó en ella,
Olvidaré las letras que me dieron alguna fama,
Seré hombre de Austin, de Edimburgo, de España,
Y buscaré la aurora en mi occidente.
En la ubicua memoria serás mía,
Patria, no en la fracción de cada día.

Ein Morgen

Gelobt sei das Erbarmen
jenes, der – da meine siebzig Jahre längst vollendet
und meine Augen versiegelt sind –
mich rettet vor dem verehrten Alter
und vor den Galerien genauer Spiegel
der gleichen Tage
und vor den Protokollen, Einrahmungen und Lehrstühlen
und vor der Unterzeichnung nimmermüder Listen
für Archive des Staubs
und vor den Büchern, Scheinbildern des Gedächtnisses,
und der mir dieses beherzte Exil beschert,
vielleicht die Grundform des argentinischen Schicksals,
und den Zufall und das junge Abenteuer
und die Würde der Gefahr,
wie Samuel Johnson befand.
Ich, der die Scham litt,
nicht jener Francisco Borges gewesen zu sein, der 1874 fiel,
oder mein Vater, der seine Schüler die
Liebe zur Psychologie lehrte, an die er nicht glaubte,
werde vergessen die Schriften, die mir ein wenig Ruhm
    gaben,
werde ein Mensch aus Austin sein, aus Edinburgh, aus
    Spanien,
und das Morgenrot in meinem Sonnenuntergang suchen.
Im allgegenwärtigen Gedächtnis wirst du mein sein,
Heimat, nicht in dem Bruchteil jeden Tages.

Habla un busto de Jano

Nadie abriere o cerrare alguna puerta
Sin honrar la memoria del Bifronte,
Que las preside. Abarco el horizonte
De inciertos mares y de tierra cierta.
Mi dos caras divisan el pasado
Y el porvenir. Los veo y son iguales
Los hierros, las discordias y los males
Que Alguien pudo borrar y no ha borrado
Ni borrará. Me faltan las dos manos
Y soy de piedra inmóvil. No podría
Precisar si contemplo una porfía
Futura o la de ayeres hoy lejanos.
Veo mi ruina: la columna trunca
Y las caras, que no se verán nunca.

Eine Janusbüste spricht

Keiner soll Türen öffnen oder schließen,
ohne den Zwiegesichtigen zu ehren,
der ihnen vorsteht. Ich umfang den Kreis
unsicherer Meere und gewisser Erde.
Meine Gesichter sehen das Vergangene
und die Zukunft. Ich sehe sie, und gleich
sind die Waffen, die Zwietrachten, die Übel,
die Einer tilgen konnte und nicht tilgte
noch tilgen wird. Mir fehlen beide Hände,
ich bin aus starrem Stein. Ich weiß nicht, ob
ich einen künftigen Wettstreit betrachte
oder einen aus heute fernen Gestern.
Ich seh mein Ende: die geborstene Säule
und die Gesichter, die sich niemals sehen.

De que nada se sabe

La luna ignora que es tranquila y clara
Y ni siquiera sabe que es la luna;
La arena, que es la arena. No habrá una
Cosa que sepa que su forma es rara.
Las piezas de marfil son tan ajenas
Al abstracto ajedrez como la mano
Que las rige. Quizá el destino humano
De breves dichas y de largas penas
Es instrumento de Otro. Lo ignoramos;
Darle nombre de Dios no nos ayuda.
Vanos también son el temor, la duda
Y la trunca plegaria que iniciamos.
¿Qué arco habrá arrojado esta saeta
que soy? ¿Qué cumbre puede ser la meta?

Wovon man nichts weiß

Es weiß der Mond nicht, daß er still und hell,
und er weiß nicht einmal, daß er der Mond ist;
der Sand, daß er der Sand ist. Es gibt wohl
kein Ding das weiß, seine Gestalt ist einzig.
Den Elfenbeinfiguren wie der Hand,
die sie bewegt, ist das abstrakte Schachspiel
ganz fremd. Vielleicht ist das Geschick des Menschen
aus kurzem Glück und langem Ungemach
das Werkzeug eines Anderen. Wir kennen
ihn nicht; ihn Gott zu nennen hilft uns nicht.
Ebenso eitel sind die Furcht, der Zweifel
und unser unvollendetes Gebet.
Welcher Bogen hat diesen Pfeil geschossen,
der ich bin? Welcher Gipfel mag das Ziel sein?

Brunanburh, 937 A. D.

Nadie a tu lado.
Anoche maté a un hombre en la batalla.
Era animoso y alto, de la clara estirpe de Anlaf.
La espada entró en el pecho, un poco a la izquierda.
Rodó por tierra y fue una cosa,
Una cosa del cuervo.
En vano lo esperarás, mujer que no he visto.
No lo traerán las naves que huyeron
Sobre el agua amarilla.
En la hora del alba,
Tu mano desde el sueño lo buscará.
Tu lecho está frío.
Anoche maté a un hombre en Brunanburh.

Brunanburh, 937 AD

Keiner neben dir.
Gestern abend tötete ich einen Mann in der Schlacht.
Er war tapfer und groß, aus Anlafs hellem Geschlecht.
Das Schwert drang in die Brust, ein wenig links.
Er wand sich am Boden und wurde eine Sache,
etwas für den Raben.
Vergebens wirst du auf ihn warten, Frau die ich nie sah.
Ihn bringen nicht heim die Schiffe die flohen
über das gelbe Wasser.
In der Stunde des Frühlichts
wird aus dem Schlaf deine Hand ihn suchen.
Dein Bett ist kalt.
Gestern abend tötete ich einen Mann in Brunanburh.

El ciego

A Mariana Grondona

I

Lo han despojado del diverso mundo,
De los rostros, que son lo que eran antes,
De las cercanas calles, hoy distantes,
Y del cóncavo azul, ayer profundo.
De los libros le queda lo que deja
La memoria, esa forma del olvido
Que retiene el formato, no el sentido,
Y que los meros títulos refleja.
El desnivel acecha. Cada paso
Puede ser la caída. Soy el lento
Prisionero de un tiempo soñoliento
Que no marca su aurora ni su ocaso.
Es de noche. No hay otros. Con el verso
Debo labrar mi insípido universo.

Der Blinde

für Mariana Grondona

I

Sie haben ihn der bunten Welt beraubt,
der Gesichter, die noch sind, was sie waren,
der nahen Straßen, heute so entlegen,
und des gewölbten Blau, das gestern tief war.
Von seinen Büchern bleibt ihm, was ihm das
Gedächtnis läßt, diese Form des Vergessens,
die das Format bewahrt, nicht den Gehalt,
und die die bloßen Titel widerspiegelt.
Unebenheiten lauern. Jeder Schritt
könnte der Sturz sein. Ich bin der langsame
Gefangene einer schläfrigen Zeit,
die Morgendämmer und Abend nicht zeigt.
Es ist Nacht. Keine andren. Mit dem Vers
muß ich mein schales Universum bauen.

II

Desde mi nacimiento, que fue el noventa y nueve
De las cóncavas parras y el aljibe profundo,
El tiempo minucioso, que en la memoria es breve,
Me fue hurtando las formas visibles de este mundo.
Los días y las noches limaron los perfiles
De las letras humanas y los rostros amados;
En vano interrogaron mis ojos agotados
Las vanas bibliotecas y los vanos atriles.
El azul y el bermejo son ahora una niebla
Y dos voces inútiles. El espejo que miro
Es una cosa gris. En el jardín aspiro,
Amigos, una lóbrega rosa de la tiniebla.
Ahora sólo perduran las formas amarillas
Y sólo puedo ver para ver pesadillas.

II

Schon seit meiner Geburt – im Jahre neunundneunzig,
als Spaliere gewölbt waren und tief die Brunnen –
hat die schrittweise Zeit, die im Gedächtnis kurz ist,
mir die sichtbaren Formen dieser Welt entzogen.
Die Tage und die Nächte schliffen die Umrisse
menschlicher Zeichen und lieber Gesichter ab;
vergebens befragten meine erschöpften Augen
die eitlen Bibliotheken und eitlen Lesepulte.
Blau und hellrot sind heute nur ein Nebel und zwei
sinnlose Wörter. Der Spiegel, den ich betrachte,
ist etwas Graues. Im Garten atme ich,
Freunde, eine finstere Rose der Düsternis.
Heute überdauern nur noch die gelben Formen,
und sehen kann ich nur, um Albträume zu sehen.

Un ciego

No sé cuál es la cara que me mira
Cuando miro la cara del espejo;
No sé qué anciano acecha en su reflejo
Con silenciosa y ya cansada ira.
Lento en mi sombra, con la mano exploro
Mis invisibles rasgos. Un destello
Me alcanza. He vislumbrado tu cabello
Que es de ceniza o es aún de oro.
Repito que he perdido solamente
La vana superficie de las cosas.
El consuelo es de Milton y es valiente,
Pero pienso en las letras y en las rosas.
Pienso que si pudiera ver mi cara
Sabría quién soy en esta tarde rara.

Ein Blinder

Ich weiß nicht, was das Gesicht ist, das mich
sieht, wenn ich ins Gesicht des Spiegels sehe;
ich weiß nicht, welcher Greis da lauert im
Reflex, mit stummem und längst müdem Zorn.
Langsam in meinem Schatten, mit der Hand,
erforsch ich meine unsichtbaren Züge.
Ein Sprühen – ich hab deinen Schopf geahnt,
der Asche ist oder noch immer Gold.
Ich wiederhole, ich hab nur verloren
die nichtige Oberfläche der Dinge.
Vom Milton stammt der Trost (ein schöner Trost!),
aber ich denk an Buchstaben und Rosen,
denk: Wenn ich mein Gesicht säh, wüßte ich, wer
ich an diesem seltsamen Abend bin.

Temí que el porvenir (que ya declina)
Sería un profundo corredor de espejos
Indistintos, ociosos y menguantes,
Una repetición de vanidades,
Y en la penumbra que precede al sueño
Rogué a mis dioses, cuyo nombre ignoro,
Que enviaran algo o alguien a mis días.
Lo hicieron. Es la Patria. Mis mayores
La sirvieron con largas proscripciones,
Con penurias, con hambre, con batallas,
Aquí de nuevo está el hermoso riesgo.
No soy aquellas sombras tutelares
Que honré con versos que no olvida el tiempo.
Estoy ciego. He cumplido los setenta;
No soy el oriental Francisco Borges
Que murió con dos balas en el pecho,
Entre las agonías de los hombres,
En el hedor de un hospital de sangre,
Pero la Patria, hoy profanada quiere
Que con mi oscura pluma de gramático,
Docta en las nimiedades académicas
Y ajena a los trabajos de la espada,
Congregue el gran rumor de la epopeya
Y exija mi lugar. Lo estoy haciendo.

Ich fürchtete, die Zukunft (die sich neigt)
wär nur ein tiefer Korridor aus vagen
und unsinnigen Spiegeln, die verschwimmen,
nur immer wiederholte Nichtigkeiten;
und meine Götter, deren Namen ich
nicht kenn, bat ich im Zwielicht vor dem Schlaf,
mir etwas oder jemanden zu senden.
Sie taten es. Es ist das Vaterland.
Die Ahnen dienten ihm mit langer Ächtung,
mit Nöten und mit Hunger und mit Schlachten,
nun ist es wieder da, das schöne Wagnis.
Ich bin nicht die Schatten, von mir geehrt
mit Versen unvergessen von der Zeit.
Ich bin blind. Ich bin schon jenseits der siebzig,
bin nicht Francisco Borges aus dem Osten,
der mit zwei Kugeln in der Brust starb, zwischen
den Agonien der Männer, im Gestank
des Lazaretts, aber das Vaterland,
heute geschändet, will, daß ich mit meiner
obskuren Grammatikerfeder die
kundig der akademischen Chimären
und unkundig ist der Werke des Schwerts,
des Epos großes Stimmentosen bündle
und an meinen Platz geh. Das tu ich nun.

Elegía

Tres muy antiguas caras me desvelan:
Una el Océano, que habló con Claudio,
Otra el Norte de aceros ignorantes
Y atroces en la aurora y el ocaso,
La tercera la muerte, ese otro nombre
Del incesante tiempo que nos roe.
La carga secular de los ayeres
De la historia que fue o que fue soñada
Me abruma, personal como una culpa.
Pienso en la nave ufana que devuelve
A los mares el cuerpo de Scyld Sceaving
Que reinó en Dinamarca bajo el cielo;
Pienso en el alto lobo, cuyas riendas
Eran sierpes, que dio al barco incendiado
la blancura del dios hermoso y muerto;
Pienso en piratas cuya carne humana
Es dispersión y limo bajo el peso
De los mares que fueron su aventura;
Pienso en las tumbas que los navegantes
Vieron desde boreales Odiseas.
Pienso en mi propia, en mi perfecta muerte,
Sin la urna cineraria y sin la lágrima.

Elegie

Mich halten drei alte Gesichter wach:
Eines das Meer, das mit Claudius sprach,
eines der Norden unwissender und
gräßlicher Waffen in Frührot und Dämmer,
das dritte der Tod, dieser andre Name
für die rastlose Zeit, die uns zernagt.
Die jahrhundertealte Last der Gestern
der Geschichte, die war oder geträumt war,
erdrückt mich, persönlich wie eine Schuld.
Ich denk an das stolze Schiff, das den Meeren
den Leib von Scyld Sceaving zurückerstattet,
der unterm Himmel Dänemark beherrschte;
ich denk an den hohen Wolf, dessen Zügel
Schlangen waren, der der lohenden Barke
das Weiß des schönen toten Gottes gab;
denk an Piraten, deren Menschenfleisch
zerstreut und Schlamm ist unter dem Gewicht
der Meere, die ihr Abenteuer waren;
ich denk an all die Gräber, die Seefahrer
auf borealen Odysseen sahen.
Ich denk an meinen, den völligen Tod,
ohne die Aschenurne und die Träne.

Quiero saber de quién es mi pasado.
¿De cuál de los que fui? ¿Del ginebrino
Que trazó algún hexámetro latino
Que los lustrales años han borrado?
¿Es de aquel niño que buscó en la entera
Biblioteca del padre las puntuales
Curvaturas del mapa y las ferales
Formas que son el tigre y la pantera?
¿O de aquel otro que empujó una puerta
Detrás de la que un hombre se moría
Para siempre, y besó en el blanco día
La cara que se va y la cara muerta?
Soy los que ya no son. Inútilmente
Soy en la tarde esa perdida gente.

All Our Yesterdays

Gern wüßt ich, wem von denen, die ich war,
meine Vergangenheit gehört – dem Genfer,
der einen Hexameter auf Latein
skizzierte, den die vielen Jahre tilgten?
Dem Jungen, der in der vollständigen
Bibliothek des Vaters die genauen
Kurven des Globus suchte und die wilden
Gestalten, die Tiger und Panther sind?
Oder jenem, der eine Tür aufstieß,
hinter welcher ein Mann im Sterben lag
auf immer, und im bleichen Tag geküßt hat
das schwindende und das tote Gesicht?
Ich bin die nicht mehr sind. Sinnlos bin ich
im Abend diese verschollenen Leute.

El desterrado
(1977)

Alguien recorre los senderos de Itaca
Y no se acuerda de su rey, que fue a Troya
Hace ya tantos años;
Alguien piensa en las tierras heredadas
Y en el arado nuevo y el hijo
Y es acaso feliz.
En el confín del orbe yo, Ulises,
Descendí a la Casa de Hades
Y vi la sombra del tebano Tiresias
Que desligó el amor de las serpientes
Y la sombra de Heracles
Que mata sombras de leones en la pradera
Y asimismo está en el Olimpo.
Alguien hoy anda por Bolívar y Chile
Y puede ser feliz o no serlo.
Quién me diera ser él.

Der Verbannte
(1977)

Jemand zieht über Ithakas Wege
und erinnert sich nicht an den König, der nach Troja fuhr
vor so vielen Jahren;
jemand denkt an die ererbten Länder
und an den neuen Pflug und den Sohn
und ist vielleicht glücklich.
Am Rand des Erdkreises stieg ich, Odysseus,
ins Haus des Hades hinab
und sah den Schatten des Thebaners Teiresias,
der die Liebe der Schlangen entflocht,
und den Schatten des Herakles,
der Schatten von Löwen tötet auf der Wiese
und gleichzeitig auf dem Olymp ist.
Jemand geht heute durch die Calle Bolívar und Chile
und mag glücklich sein oder nicht.
Wer könnte mir geben, er zu sein.

En memoria de Angélica

¡Cuántas posibles vidas se habrán ido
En esta pobre y diminuta muerte,
Cuántas posibles vidas que la suerte
Daría a la memoria o al olvido!
Cuando yo muera morirá un pasado;
Con esta flor un porvenir ha muerto
En las aguas que ignoran, un abierto
Porvenir por los astros arrasado.
Yo, como ella, muero de infinitos
Destinos que el azar no me depara;
Busca mi sombra los gastados mitos
De una patria que siempre dio la cara.
Un breve mármol cuida su memoria;
Sobre nosotros crece, atroz, la historia.

Zur Erinnerung an Angélica

Wieviel mögliche Leben sind vergangen
in diesem armen und winzigen Tod,
wieviel mögliche Leben, die das Schicksal
dem Erinnern oder Vergessen gäbe!
Sterb ich, so stirbt eine Vergangenheit;
mit dieser Blume hier ist eine Zukunft
gestorben in den Wassern die nicht wissen,
offene Zukunft, geschleift von den Sternen.
Ich, wie sie, sterbe an unendlichen
Geschicken, die der Zufall mir nicht gibt;
mein Schatten sucht die abgenutzten Mythen
eines Vaterlands, das immer die Stirn bot.
Ein karger Marmor hütet ihr Gedächtnis;
uns überwuchert, gräßlich, die Geschichte.

Al espejo

¿Por qué persistes, incesante espejo?
¿Por qué duplicas, misterioso hermano,
El menor movimiento de mi mano?
¿Por qué en la sombra el súbito reflejo?
Eres el otro yo de que habla el griego
Y acechas desde siempre. En la tersura
Del agua incierta o del cristal que dura
Me buscas y es inútil estar ciego.
El hecho de no verte y de saberte
Te agrega horror, cosa de magia que osas
Multiplicar la cifra de las cosas
Que somos y que abarcan nuestra suerte.
Cuando esté muerto, copiarás a otro
y luego a otro, a otro, a otro, a otro ...

An den Spiegel

Warum beharrst du, Spiegel ohne Ende?
Warum doppelst du, mysteriöser Bruder,
die winzigste Bewegung meiner Hand?
Warum der jähe Widerschein im Schatten?
Du bist das andre Ich, von dem der Grieche
spricht, und lauerst schon immer. In der Glätte
vagen Wassers und dauerhaften Glases
suchst du mich; es ist sinnlos, blind zu sein.
Daß ich dich nicht sehen kann, aber weiß,
verleiht dir Grauen, Zauberding, das wagt,
die Zahl der Dinge zu vervielfachen,
die wir sind, die unser Geschick ergeben.
Wenn ich tot bin, kopierst du einen andren,
und danach einen andren, andren, andren ...

Mis libros

Mis libros (que no saben que yo existo)
Son tan parte de mí como este rostro
De sienes grises y de grises ojos
Que vanamente busco en los cristales
Y que recorro con la mano cóncava.
No sin alguna lógica amargura
Pienso que las palabras esenciales
Que me expresan están en esas hojas
Que no saben quién soy, no en las que he escrito.
Mejor así. Las voces de los muertos
Me dirán para siempre.

Meine Bücher

Meine Bücher (nicht wissend, daß ich bin)
sind so sehr Teil von mir wie dies Gesicht
mit grauen Schläfen und mit grauen Augen,
das ich vergebens in den Scheiben suche
und das ich mit gewölbter Hand durchstreifte.
Nicht ohne logische Bitternis denk ich,
daß die Wörter, die mich eigentlich bergen,
auf diesen Blättern stehen, die nicht wissen,
wer ich bin, nicht auf denen, die ich schrieb.
Besser so. Mich werden für immer die
Stimmen der Toten sprechen.

Talismanes

Un ejemplar de la primera edición de la *Edda Islandorum* de Snorri, impresa en Dinamarca.

Los cinco tomos de la obra de Schopenhauer.

Los dos tomos de las *Odiseas* de Chapman.

Una espada que guerreó en el desierto.

Un mate con un pie de serpientes que mi bisabuelo trajo de Lima.

Un prisma de cristal.

Unos daguerrotipos borrosos.

Un globo terráqueo de madera que me dio Cecilia Ingenieros y que fue de su padre.

Un bastón de puño encorvado que anduvo por las llanuras de América, por Colombia y por Texas.

Varios cilindros de metal con diplomas.

La toga y el birrete de un doctorado.

Las Empresas de Saavedra Fajardo, en olorosa pasta española.

La memoria de una mañana.

Líneas de Virgilio y de Frost.

La voz de Macedonio Fernández.

El amor o el diálogo de unos pocos.

Ciertamente son talismanes, pero de nada sirven contra la sombra que no puedo nombrar, contra la sombra que no debo nombrar.

Talismane

Ein Exemplar der Erstausgabe von Snorris *Edda Islandorum*,
    gedruckt in Dänemark.
Die fünf Bände von Schopenhauers Werk.
Die zwei Bände der *Odyssee* von Chapman.
Ein Degen, der in der Wüste kämpfte.
Ein Mategefäß mit Schlangenfüßen, das mein Urgroßvater
    aus Lima mitbrachte.
Ein Kristallprisma.
Ein paar verschwommene Daguerreotypien.
Ein Holzglobus, den mir Cecilia Ingenieros schenkte, der
    ihrem Vater gehört hatte.
Ein Stock mit gebogenem Griff, der durch Amerikas Ebenen,
    durch Kolumbien und Texas gewandert ist.
Mehrere Metallröhren mit Urkunden.
Toga und Barett eines Doktorats.
Las Empresas von Saavedra Fajardo, in duftendem spanischen
    Einband.
Die Erinnerung an einen Morgen.
Zeilen von Vergil und von Frost.
Die Stimme von Macedonio Fernández.
Die Liebe oder das Gespräch einiger weniger.
Sicherlich sind sie Talismane, aber nichts nützen sie gegen
    den Schatten, den ich nicht nennen kann, den Schatten,
    den ich nicht nennen darf.

El testigo

Desde su sueño el hombre ve al gigante
De un sueño que soñado fue en Bretaña
Y apresta el corazón para la hazaña
Y le clava la espuela a Rocinante.
El viento hace girar las laboriosas
Aspas que el hombre gris ha acometido.
Rueda el rocín; la lanza se ha partido
Y es una cosa más entre las cosas.
Yace en la tierra el hombre de armadura;
Lo ve caer el hijo de un vecino,
Que no sabrá el final de la aventura
Y que a las Indias llevará el destino.
Perdido en el confín de otra llanura
Se dirá que fue un sueño el del molino.

Der Zeuge

Von seinem Traum aus sieht der Mann den Riesen
aus einem Traum, geträumt in der Bretagne,
und er rüstet das Herz zur Heldentat,
gibt Rocinante die Sporen. Der Wind
läßt die emsigen Mühlenflügel kreisen,
die der graue Mann angegriffen hat.
Die Mähre stürzt; die Lanze ist zerbrochen,
sie ist nur noch ein Ding wie jedes andre.
Der Reisige liegt auf dem Boden; der
Sohn eines Dörflers sieht ihn stürzen und
wird nie den Schluß des Abenteuers wissen;
das Schicksal bringt ihn nach Amerika.
Verloren am Rand einer andren Ebene
wird er sich sagen, daß die Mühle Traum war.

Efialtes

En el fondo del sueño están los sueños. Cada
Noche quiero perderme en las aguas obscuras
Que me lavan del día, pero bajo esas puras
Aguas que nos conceden la penúltima Nada
Late en la hora gris la obscena maravilla.
Puede ser un espejo con mi rostro distinto,
Puede ser la creciente cárcel de un laberinto,
Puede ser un jardín. Siempre es la pesadilla.
Su horror no es de este mundo. Algo que no se nombra
Me alcanza desde ayeres de mito y de neblina;
La imagen detestada perdura en la retina
E infama la vigilia como infamó la sombra.
¿Por qué brota de mí cuando el cuerpo reposa
Y el alma queda sola, esta insensata rosa?

Ephialtes

Am Grund des Schlafens sind die Träume. Jede Nacht
möchte ich mich verlieren in den dunklen Wassern,
die mir den Tag abwaschen, aber unter diesen
reinen Wassern, die uns vorletztes Nichts gewähren,
pulst in der grauen Stunde das obszöne Wunder:
Vielleicht ein Spiegel mit meinem fremden Gesicht,
wuchernder Kerker eines Labyrinths, oder
ein Garten. Immer ist es der Albtraum. Sein Grauen
ist nicht von dieser Welt. Etwas Unnennbares
dringt zu mir aus den Gestern von Mythos und Nebel;
das scheußliche Bild überdauert auf der Netzhaut,
schändet das Wachen wie es schändete den Schatten.
Warum knospt aus mir, wenn der Körper ruht und die
Seele allein bleibt, diese wahnsinnige Rose?

El Oriente

La mano de Virgilio se demora
Sobre una tela con frescura de agua
Y entretejidas formas y colores
Que han traído a su Roma las remotas
Caravanas del tiempo y de la arena.
Perdurará en un verso de las Geórgicas.
No la había visto nunca. Hoy es la seda.
En un atardecer muere un judío
Crucificado por los negros clavos
Que el pretor ordenó, pero las gentes
De las generaciones de la tierra
No olvidarán la sangre y la plegaria
Y en la colina los tres hombres últimos.
Sé de un mágico libro de hexagramas
Que marca los sesenta y cuatro rumbos
De nuestra suerte de vigilia y sueño.
¡Cuánta invención para poblar el ocio!
Sé de ríos de arena y peces de oro
Que rige el Preste Juan en las regiones
Ulteriores al Ganges y a la Aurora
Y del *hai ku* que fija en unas pocas
Sílabas un instante, un eco, un éxtasis;
Sé de aquel genio de humo encarcelado
En la vasija de amarillo cobre
Y de lo prometido en la tiniebla.
¡Oh mente que atesoras lo increíble!
Caldea, que primero vio los astros.
Las altas naves lusitanas; Goa.
Las victorias de Clive, ayer suicida.
Kim y su lama rojo que prosiguen
Para siempre el camino que los salva.
El fino olor del té, el olor del sándalo.

Der Orient

Die Hand Vergils verweilt auf einem Tuch,
das kühl wie frisches Wasser ist und voll
von vielverwobenen Formen und Farben,
nach Rom gebracht von fernen Karawanen
durch die Zeit und den Sand. Es überdauert
in einem Vers in der *Georgica*.
Er sah dies nie zuvor. Heut ist es Seide.
Ein Jude stirbt an einem Nachmittag,
gekreuzigt mit den schwarzen Nägeln, wie
der Praetor es befahl, aber die Menschen
der Generationen auf der Erde
vergessen nicht das Blut und das Gebet
und auf dem Hügel die drei letzten Männer.
Ich weiß von einem magischen Buch, das
die vierundsechzig Wege unsres Schicksals
– Schlaf und Wacht – in Hexagrammen beschreibt.
Soviel Erfindung, Muße zu bevölkern!
Ich weiß von Sandströmen und goldnen Fischen,
die der Priester Johannes in den Landen
jenseits von Ganges und Morgenrot lenkt,
vom *hai ku*, das in ein paar Silben einen
Moment, ein Echo, ein Entzücken bannt;
ich weiß von jenem Dschinn aus Rauch, gefangen
im Topf aus gelbem Kupfer, und von dem,
was er in Dunkelheit geschworen hat.
O Geist der du das Unglaubliche hortest!
Chaldäa, das zuerst die Sterne sah.
Lusitaniens hohe Schiffe; Goa.
Die Siege Clives, der sich gestern entleibte;
Kim und sein roter Lama, die für immer
den Weg schreiten, der sie erlösen wird.
Der feine Duft von Tee, von Sandelholz.

Las mezquitas de Córdoba y del Aksa
Y el tigre, delicado como el nardo.

Tal es mi Oriente. Es el jardín que tengo
Para que tu memoria no me ahogue.

Die Moschee Córdobas und die Al Aksa
und der Tiger, der zart ist wie die Narde.

So ist mein Orient: Garten, den ich hege,
damit mich dein Gedenken nicht erstickt.

La cierva blanca

¿De qué agreste balada de la verde Inglaterra,
De qué lámina persa, de qué región arcana
De las noches y días que nuestro ayer encierra,
Vino la cierva blanca que soñé esta mañana?
Duraría un segundo. La vi cruzar el prado
Y perderse en el oro de una tarde ilusoria,
Leve criatura hecha de un poco de memoria
Y de un poco de olvido, cierva de un solo lado.
Los númenes que rigen este curioso mundo
Me dejaron soñarte pero no ser tu dueño;
Tal vez en un recodo del porvenir profundo
Te encontraré de nuevo, cierva blanca de un sueño.
Yo también soy un sueño fugitivo que dura
Unos días más que el sueño del prado y la blancura.

Die weiße Hirschkuh

Aus welcher ländlichen Ballade des grünen England,
welchem persischen Stich, welcher arkanen Gegend
aus Tagen und Nächten, die unser Gestern einschließt,
kam die weiße Hirschkuh, die ich heute früh träumte?
Es mag eine Sekunde gedauert haben. Ich sah sie die Wiese
überqueren und sich im Gold eines illusorischen Abends
    verlieren,
leichtes Geschöpf aus ein wenig Erinnerung
und ein wenig Vergessen, Hirschkuh mit nur einer Seite.
Die Gottheiten, die diese seltsame Welt lenken,
ließen mich dich träumen, aber nicht beherrschen;
vielleicht treffe ich dich an einer Biegung in ferner Zukunft
wieder, weiße Hirschkuh eines Traums.
Auch ich bin ein heller Traum, der etwas länger
überdauert als der Traum von Wiese und Weiße.

The Unending Rose

A Susana Bombal

A los quinientos años de la Héjira
Persia miró desde sus alminares
La invasión de las lanzas del desierto
Y Attar de Nishapur miró una rosa
Y le dijo con tácita palabra
Como el que piensa, no como el que reza:
— Tu vaga esfera está en mi mano. El tiempo
Nos encorva a los dos y nos ignora
En esta tarde de un jardín perdido.
Tu leve peso es húmedo en el aire.
La incesante pleamar de tu fragancia
Sube a mi vieja cara que declina
Pero te sé más lejos que aquel niño
Que te entrevió en las láminas de un sueño
O aquí en este jardín, una mañana.
La blancura del sol puede ser tuya
O el oro de la luna o la bermeja
Firmeza de la espada en la victoria.
Soy ciego y nada sé, pero preveo
Que son más los caminos. Cada cosa
Es infinitas cosas. Eres música,
Firmamentos, palacios, ríos, ángeles,
Rosa profunda, ilimitada, íntima,
Que el Señor mostrará a mis ojos muertos.

The Unending Rose

für Susana Bombal

Nach fünfhundert Jahren seit der Hedschra
sah Persien von seinen Minaretts
die Invasion der Lanzen aus der Wüste,
und Attar von Nishapur schaute eine
Rose und sagte ihr mit stummem Wort
wie einer der denkt, nicht einer der betet:
»In meiner Hand ist deine vage Sphäre.
Uns beide beugt die Zeit und kennt uns nicht
an diesem Abend des verlorenen Gartens.
Dein leichtes Gewicht ist feucht in der Luft.
Die unaufhörliche Flut deines Dufts
steigt mir zum alten Gesicht, das sich neigt,
aber dich weiß ich ferner als den Knaben,
der dich ahnte in Schichten eines Traums
oder hier, eines Morgens, in dem Garten.
Das Weiß der Sonne könnte deines sein
oder das Gold des Mondes oder die
rote Festigkeit eines Schwerts im Sieg.
Ich, blind, weiß nichts, aber ich seh voraus,
daß der Wege mehr sind. Jedes Ding ist
unzählige Dinge. Du bist Musik,
Firmamente, Paläste, Flüsse, Engel,
tiefe Rose, grenzenlos, innig, die
der Herr bald meinen toten Augen zeigt.«

La moneda de hierro
Die eiserne Münze
(1976)

Vorwort

Nach mehr als jenen siebzig Jahren, zu denen der Heilige Geist rät, kennt auch ein noch so ungeschickter Schriftsteller bereits gewisse Dinge. Das erste: seine Grenzen. Er kennt mit wohlbegründeter Hoffnung das, was er anstreben darf, und – fraglos wichtiger – das, was ihm verwehrt ist. Diese vielleicht melancholische Feststellung betrifft die Generationen und den Menschen. Ich glaube, unsere Zeit ist unfähig, die Pindarische Ode zu verfassen, den beflissenen historischen Roman oder das Plädoyer in Versen; ich glaube, vielleicht mit analoger Einfalt, daß wir noch nicht die unbegrenzten Möglichkeiten des proteischen Sonetts und der freien Strophen Whitmans zu Ende erforscht haben. Ich glaube ebenfalls, daß die abstrakte Ästhetik eine eitle Illusion oder ein angenehmes Thema für lange Clubabende ist oder eine Quelle der Anreize und der Hemmnisse. Wenn es nur eine Ästhetik gäbe, gäbe es nur *eine* Kunst. So ist es gewiß nicht; wir genießen mit ähnlichem Vergnügen Hugo und Vergil, Robert Browning und Swinburne, die Skandinavier und die Perser. Die eherne Musik des Sachsen gefällt uns nicht weniger als die säumigen Zärteleien des Symbolismus. Jedes Thema, so zufällig oder flüchtig es sein mag, zwingt uns eine besondere Ästhetik auf. Jedes Wort, wiewohl mit Jahrhunderten belastet, beginnt eine bisher weiße Seite und kompromittiert die Zukunft.

Was mich betrifft ... Ich weiß, daß dieses vermischte Buch, das der Zufall mir im Lauf des Jahres 1976 in der Universitätsöde von East Lansing und in meinem wiedergewonnenen Land zuspielte, weder viel mehr noch viel weniger wert sein wird als die vorigen Bände. Diese wohlfeile Prophezeiung, die zuzulassen uns nichts kostet, gewährt mir eine Art Straflosigkeit. Ich kann mir einige Launen erlauben, da man mich nicht nach dem Text beurteilen wird, sondern nach dem unbestimmten, jedoch hinreichend genauen Bild, das man von mir hat. Ich kann die vagen Wörter, die ich in in einem Traum gehört habe, abschreiben und sie ›Ein Traum‹ nennen. Ich kann ein Sonett über Spinoza neu schreiben und es vielleicht verderben. Ich kann durch Verschiebung des prosodischen Akzents den kastilischen Elfsilbler aufzulockern suchen. Schließlich kann ich mich dem Ahnenkult überlassen und dem anderen Kult, der meinen Abend erhellt: der Germanistik Englands und Islands.

Nicht umsonst wurde ich im Jahre 1899 gezeugt. Meine Gewohnheiten gehen auf jenes Jahrhundert und das vorhergegangene zurück und ich habe versucht, meine fernen und schon verwischten humanistischen Kenntnisse nicht zu vergessen. Das Vorwort duldet die Vertraulichkeit: Ich bin ein zögernder Gesprächspartner und ein guter Zuhörer gewesen. Ich werde nicht die Zwiegespräche mit meinem Vater, mit Macedonio Fernández, mit Alfonso Reyes und Rafael Cansinos-Assens vergessen. Ich weiß mich völlig unwürdig, über politische Dinge zu urteilen, aber vielleicht ist es verzeihlich, wenn ich anmerke, daß ich nicht an die Demokratie glaube, diesen merkwürdigen Mißbrauch der Statistik.

Buenos Aires, 27. Juli 1976   J. L. B.

Elegía del recuerdo imposible

Qué no daría yo por la memoria
De una calle de tierra con tapias bajas
Y de un alto jinete llenando el alba
(Largo y raído el poncho)
En uno de los días de la llanura,
En un día sin fecha.
Qué no daría yo por la memoria
De mi madre mirando la mañana
En la estancia de Santa Irene,
Sin saber que su nombre iba a ser Borges.
Qué no daría yo por la memoria
De haber combatido en Cepeda
Y de haber visto a Estanislao del Campo
Saludando la primer bala
Con la alegría del coraje.
Qué no daría yo por la memoria
De un portón de quinta secreta
Que mi padre empujaba cada noche
Antes de perderse en el sueño
Y que empujó por última vez
El catorce de febrero del 38.
Qué no daría yo por la memoria
De las barcas de Hengist,
Zarpando de la arena de Dinamarca
Para debelar una isla
Que aún no era Inglaterra.
Qué no daría yo por la memoria
(La tuve y la he perdido)
De una tela de oro de Turner,
Vasta como la música.
Qué no daría yo por la memoria
De haber sido auditor de aquel Sócrates
Que, en la tarde de la cicuta,

Elegie des unmöglichen Erinnerns

Was gäbe ich nicht für die Erinnerung
an eine Erdstraße mit niedrigen Lehmmauern
und an einen großen Reiter, der den Morgen füllt
(weit und gestreift der Poncho)
an einem der Tage der Ebene,
an einem Tag ohne Datum.
Was gäbe ich nicht für die Erinnerung
an meine Mutter, die den Morgen betrachtet
auf der Estancia Santa Irene
ohne zu wissen, daß sie Borges heißen wird.
Was gäbe ich nicht für die Erinnerung,
bei Cepeda gekämpft
und Estanislao del Campo gesehen zu haben,
wie er die erste Kugel grüßt
mit der Heiterkeit des Muts.
Was gäbe ich nicht für die Erinnerung
an das Tor eines verschwiegenen Landhauses,
das mein Vater jeden Abend öffnete,
ehe er sich im Traum verlor,
und das er zuletzt öffnete
am vierzehnten Februar '38.
Was gäbe ich nicht für die Erinnerung
an Hengists Schiffe,
wie sie aufbrechen von Dänemarks Sand,
um eine Insel zu unterwerfen,
die noch nicht England war.
Was gäbe ich nicht für die Erinnerung
(ich besaß sie und habe sie verloren)
an ein goldenes Bild von Turner,
weit wie die Musik.
Was gäbe ich nicht für die Erinnerung,
Zuhörer jenes Sokrates gewesen zu sein,
der am Abend des Schierlings

Examinó serenamente el problema
De la inmortalidad,
Alternando los mitos y las razones
Mientras la muerte azul iba subiendo
Desde los pies ya fríos.
Qué no daría yo por la memoria
De que me hubieras dicho que me querías
Y de no haber dormido hasta la aurora,
Desgarrado y feliz.

gelassen das Problem
der Unsterblichkeit untersuchte,
zwischen Mythen und Argumenten wechselnd,
während ihm der blaue Tod
von den bereits kalten Füßen emporstieg.
Was gäbe ich nicht für die Erinnerung,
daß du mir gesagt hättest, du liebst mich,
und bis zum Morgenrot nicht geschlafen zu haben,
aufgewühlt und selig.

Coronel Suárez

Alta en el alba se alza la severa
Faz de metal y de melancolía.
Un perro se desliza por la acera.
Ya no es de noche y no es aún de día.
Suárez mira su pueblo y la llanura
Ulterior, las estancias, los potreros,
Los rumbos que fatigan los reseros,
El paciente planeta que perdura.
Detrás del simulacro te adivino,
Oh joven capitán que fuiste el dueño
De esa batalla que torció el destino:
Junín, resplandeciente como un sueño.
En un confín del vasto Sur persiste
Esa alta cosa, vagamente triste.

Oberst Suárez

Hoch erhebt sich im Morgenrot das strenge
Antlitz aus Metall und Melancholie.
Ein Hund verdrückt sich auf dem Bürgersteig.
Es ist nicht mehr Nacht, es ist noch nicht Tag.
Suárez schaut sein Dorf, dahinter die
Ebene, die Estancias, die Herden,
die Wege, die die Viehtreiber erschöpfen,
den geduldigen Planeten der währt.
Jenseits des Scheinbilds erahne ich dich,
den jungen Hauptmann, der in jener Schlacht,
die unser Schicksal wendete, Gebieter
gewesen ist: Junín, hell wie ein Traum.
An einem Saum des weiten Südens dauert
dies hehre Ding noch an, irgendwie traurig.

La pesadilla

Sueño con un antiguo rey. De hierro
Es la corona y muerta la mirada.
Ya no hay caras así. La firme espada
Lo acatará, leal como su perro.
No sé si es de Nortumbria o de Noruega.
Sé que es del Norte. La cerrada y roja
Barba le cubre el pecho. No me arroja
Una mirada, su mirada ciega.
¿De qué apagado espejo, de qué nave
De los mares que fueron su aventura,
Habrá surgido el hombre gris y grave,
Que me impone su antaño y su amargura?
Sé que me sueña y que me juzga, erguido.
El día entra en la noche. No se ha ido.

Der Albtraum

Ich träum von einem König alter Zeit.
Aus Eisen ist die Krone, tot der Blick.
Solche Gesichter gibt's nicht mehr. Das feste
Schwert wird ihm gehorchen, treu wie sein Hund.
Ich weiß nicht, ist er aus Northumbrien
oder Norwegen? Er ist aus dem Norden.
Der volle rote Bart bedeckt die Brust.
Er wirft mir keinen Blick, den blinden Blick, zu.
Welchem erloschenen Spiegel, welchem Schiff
der Meere die sein Abenteuer waren,
entstieg wohl dieser graue grimme Mann, der
mir sein Gestern, seine Bitterkeit aufzwingt?
Ich weiß, daß er mich träumt und aufrecht richtet.
Tag dringt in die Nacht. Er ist nicht gegangen.

La víspera

Millares de partículas de arena,
Ríos que ignoran el reposo, nieve
Más delicada que una sombra, leve
Sombra de una hoja, la serena
Margen del mar, la momentánea espuma,
Los antiguos caminos del bisonte
Y de la flecha fiel, un horizonte
Y otro, los arrozales y la bruma,
La cumbre, los tranquilos minerales,
El Orinoco, el intrincado juego
Que urden la tierra, el agua, el aire, el fuego,
Las leguas de sumisos animales,
Apartarán tu mano de la mía,
Pero también la noche, el alba, el día...

Vorabend

Die Milliarden Partikel des Sands,
Flüsse, die keine Ruhe kennen, Schnee,
der feiner als ein Schatten ist, so leicht
der Schatten eines Blatts, das heitere
Gestade eines Meers, die jähe Gischt,
die alten Wege des Bisons und des
treffsicheren Pfeils, ein Horizont und noch
einer, die Tabakfelder und der Dunst,
der Gipfel, die ruhigen Minerale,
der Orinoco, das komplexe Spiel,
das Erde, Wasser, Luft und Feuer spielen,
viele Meilen unterworfener Tiere,
das alles trennt bald deine Hand von meiner,
doch auch die Nacht, das Morgenrot, der Tag ...

Una llave en East Lansing

A Judith Machado

Soy una pieza de limado acero.
Mi borde irregular no es arbitrario.
Duermo mi vago sueño en un armario
Que no veo, sujeta a mi llavero.
Hay una cerradura que me espera,
Una sola. La puerta es de forjado
Hierro y firme cristal. Del otro lado
Está la casa, oculta y verdadera.
Altos en la penumbra los desiertos
Espejos ven las noches y los días
Y las fotografías de los muertos
Y el tenue ayer de las fotografías.
Alguna vez empujaré la dura
Puerta y haré girar la cerradura.

Ein Schlüssel in East Lansing

für Judith Machado

Ich bin ein Stück aus Stahl, gefeilt. Mein Rand
ist schartig, aber er ist nicht willkürlich.
Ich schlafe vagen Schlaf in einem Schrank,
den ich nicht seh, dem Schlüsselbund ergeben.
Es gibt ein Schloß, das auf mich wartet, ein
einziges. Die Tür ist aus Schmiedeeisen
und festem Glas. Auf der anderen Seite
befindet sich das Haus, geheim und wahr.
Im Halbdunkel aufragend sehen die
verlassenen Spiegel die Nächte und Tage,
die Fotografien der Toten und
das blasse Gestern der Fotografien.
Irgendwann werde ich die harte Tür
berühren und das Schloß sich drehen lassen.

Elegía de la patria

De hierro, no de oro, fue la aurora.
La forjaron un puerto y un desierto,
Unos cuantos señores y el abierto
Ámbito elemental de ayer y ahora.
Vino después la guerra con el godo.
Siempre el valor y siempre la victoria.
El Brasil y el tirano. Aquella historia
Desenfrenada. El todo por el todo.
Cifras rojas de los aniversarios,
Pompas del mármol, arduos monumentos,
Pompas de la palabra, parlamentos,
Centenarios y sesquicentenarios,
Son la ceniza apenas, la soflama
De los vestigios de una antigua llama.

Elegie vom Vaterland

Aus Eisen war der Morgen, nicht aus Gold.
Ihn schmiedeten ein Hafen, eine Wüste,
ein paar Señores und die offene
Elementarwelt von Gestern und Jetzt.
Danach kam der Krieg mit dem Spanier.
Immer die Tapferkeit, immer der Sieg.
Brasilien. Der Tyrann. Die ungestüme
Geschichte. Immer Alles für das Ganze.
Die roten Ziffern all der Jahrestage,
pompöser Marmor, steile Monumente,
pompöse Worte, Parlamente, die
Hundert- und Hundertfünfzigjahresfeiern,
sie sind doch kaum die Asche, kaum die Glut
der Überbleibsel dieses alten Loderns.

Hilario Ascásubi
(1807 - 1875)

Alguna vez hubo una dicha. El hombre
Aceptaba el amor y la batalla
Con igual regocijo. La canalla
Sentimental no había usurpado el nombre
Del pueblo. En esa aurora, hoy ultrajada,
Vivió Ascásubi y se batió, cantando
Entre los gauchos de la patria cuando
Los llamó una divisa a la patriada.
Fue muchos hombres. Fue el cantor y el coro;
Por el río del tiempo fue Proteo.
Fue soldado en la azul Montevideo
Y en California, buscador de oro.
Fue suya la alegría de una espada
En la mañana. Hoy somos noche y nada.

1975

Hilario Ascásubi
(1807 - 1875)

Einst gab es eine Seligkeit. Der Mann
akzeptierte die Liebe und die Schlacht
mit gleicher Wonne. Das sentimentale
Gesindel maßte sich noch nicht den Namen
Volk an. In diesem Morgen, heut geschändet,
lebte Ascásubi und kämpfte, singend
unter den Gauchos des Vaterlands, als
ein Banner sie zu der Erhebung rief.
Er war viele. Er war Sänger und Chor;
er wurde Proteus durch den Strom der Zeit,
Soldat im blauen Montevideo
und Goldsucher in Kalifornien.
Sie war sein, die Verzückung eines Degens
im Morgen. Heute sind wir Nacht und Nichts.

1975

México

¡Cuántas cosas iguales! El jinete y el llano,
La tradición de espadas, la plata y la caoba,
El piadoso benjuí que sahúma la alcoba
Y ese latín venido a menos, el castellano.
¡Cuántas cosas distintas! Una mitología
De sangre que entretejen los hondos dioses muertos,
Los nopales que dan horror a los desiertos
Y el amor de una sombra que es anterior al día.
¡Cuántas cosas eternas! El patio que se llena
De lenta y leve luna que nadie ve, la ajada
Violeta entre las páginas de Nájera olvidada,
El golpe de la ola que regresa a la arena.
El hombre que en su lecho último se acomoda
Para esperar la muerte. Quiere tenerla, toda.

Mexico

Wieviel gleiche Dinge! Reiter und Ebene,
Tradition von Degen, Silber und Mahagoni,
die milde Benzoe, die im Alkoven duftet,
und dies verfallene Latein, das Castellano.
Wieviel fremde Dinge! Eine Mythologie
aus Blut, gewebt von all den tiefen toten Göttern,
Kakteen, die die Wüsten mit Grauen erfüllen,
und die Liebe zu einem Schatten vor dem Tag.
Wieviel ewige Dinge! Der Patio der sich füllt
mit sachtem leichten Mond, den keiner sieht, das welke
Veilchen, zwischen den Seiten Nájeras vergessen,
der Schlag der Welle, die zurückkehrt in den Sand.
Der Mensch, der sich auf seinem letzten Bett einrichtet,
um den Tod zu erwarten. Er will ihn ganz besitzen.

El Perú

De la suma de cosas del orbe ilimitado
Vislumbramos apenas una que otra. El olvido
Y el azar nos despojan. Para el niño que he sido,
El Perú fue la historia que Prescott ha salvado.
Fue también esa clara palangana de plata
Que pendió del arzón de una silla y el mate
De plata con serpientes arqueadas y el embate
De las lanzas que tejen la batalla escarlata.
Fue después una playa que el crepúsculo empaña
Y un sigilo de patio, de enrejado y de fuente,
Y unas líneas de Eguren que pasan levemente
Y una vasta reliquia de piedra en la montaña.
Vivo, soy una sombra que la Sombra amenaza;
Moriré y no habré visto mi interminable casa.

Peru

Aus der Summe der Dinge des grenzenlosen Weltkreises
ahnen wir kaum einige wenige. Das Vergessen
und der Zufall plündern uns. Für den Jungen, der ich
   gewesen bin,
war Peru die von Prescott geborgene Geschichte.
Es war auch diese helle Silberschüssel,
die von einem Sattelbogen hing, und das silberne
Mategefäß mit gewundenen Schlangen und der Anprall
der Lanzen, die die scharlachrote Schlacht weben.
Später war es ein Strand, den die Dämmerung einhüllt,
und die Verschwiegenheit von Patio, Gitter und Brunnen,
und ein paar Zeilen von Eguren, leicht entschwunden,
und eine weitläufige Steinreliquie im Gebirge.
Lebend bin ich ein Schatten, den Der Schatten bedroht;
ich werde sterben, ohne mein unendliches Haus gesehen zu
   haben.

A Manuel Mujica Lainez

Isaac Luria declara que la eterna Escritura
Tiene tantos sentidos como lectores. Cada
Versión es verdadera y ha sido prefijada
Por Quien es el lector, el libro y la lectura.
Tu versión de la patria, con sus fastos y brillos,
Entra en mi vaga sombra como si entrara el día
Y la oda se burla de la Oda. (La mía
No es más que una nostalgia de ignorantes cuchillos
Y de viejo coraje.) Ya se estremece el Canto,
Ya, apenas contenidas por la prisión del verso,
Surgen las muchedumbres del futuro y diverso
Reino que será tuyo, su júbilo y su llanto.
Manuel Mujica Lainez, alguna vez tuvimos
Una patria – ¿recuerdas? – y los dos la perdimos.

An Manuel Mujica Lainez

Isaac Luria erklärt, die Ewige Schrift habe
so viele Bedeutungen wie Leser. Jede
Version ist wahr und wurde vorher festgesetzt
von Ihm, der Leser, Buch und Lektüre ist.
Deine Version des Vaterlands mit seinen Feiern und seinem
    Glanz
dringt in meinen vagen Schatten, als dränge der Tag ein,
und die Ode spottet Der Ode. (Meine
ist nur Nostalgie nach naiven Messerhelden
und altem Mut.) Längst erschauert der Canto,
längst – kaum aufgehalten vom Gefängnis des Verses –
erscheinen die Massen des künftigen, vielfältigen
Reichs, das deines sein wird, sein Jubel und seine Klage.
Manuel Mujica Lainez, einmal besaßen wir
ein Vaterland – weißt du noch? –, und beide haben wir es
    verloren.

El inquisidor

Pude haber sido un mártir. Fui un verdugo.
Purifiqué las almas con el fuego.
Para salvar la mía, busqué el ruego,
El cilicio, las lágrimas y el yugo.
En los autos de fe vi lo que había
Sentenciado mi lengua. Las piadosas
Hogueras y las carnes dolorosas,
El hedor, el clamor y la agonía.
He muerto. He olvidado a los que gimen,
Pero sé que este vil remordimiento
Es un crimen que sumo al otro crimen
Y que a los dos ha de arrastrar el viento
Del tiempo, que es más largo que el pecado
Y que la contrición. Los he gastado.

Der Inquisitor

Märtyrer konnte ich sein. Ich war Henker.
Ich läuterte die Seelen mit dem Feuer.
Meine zu retten, wählte ich Gebet
und Büßerhemd, die Tränen und das Joch.
In den Autodafés sah ich, was meine
Zunge erwirkt hatte. Die gnädigen
Scheiterhaufen und das schmerzvolle Fleisch,
den Gestank, das Geschrei, die Agonie.
Ich bin tot. Ich vergaß die Seufzenden,
aber ich weiß, daß diese schlimme Reue
Verbrechen ist, das zu den andren kommt,
und daß beide verwehen wird der Wind
der Zeit, die weiter ist als Sünde und
Zerknirschung. Ich habe beide vergeudet.

El conquistador

Cabrera y Carbajal fueron mis nombres.
He apurado la copa hasta las heces.
He muerto y he vivido muchas veces.
Yo soy el Arquetipo. Ellos, los hombres.
De la Cruz y de España fui el errante
Soldado. Por las nunca holladas tierras
De un continente infiel encendí guerras.
En el duro Brasil fui el bandeirante.
Ni Cristo ni mi Rey ni el oro rojo
Fueron el acicate del arrojo
Que puso miedo en la pagana gente.
De mis trabajos fue razón la hermosa
Espada y la contienda procelosa.
No importa lo demás. Yo fui valiente.

Der Conquistador

Ich hieß Cabrera und auch Carbajal,
hab bis zur Neige den Pokal geleert,
bin oft gestorben und hab oft gelebt.
Ich bin der Archetyp. Sie sind die Menschen.
Für Kreuz und Spanien war ich fahrender
Soldat, ließ in den unberührten Landen
des Heidenerdteils Kriege lodern. Im
harten Brasilien war ich *bandeirante*.
Nicht Christ noch König noch das rote Gold
waren der Ansporn der Verwegenheit,
die all den Ungläubigen Angst einflößte.
Gründe für meine Taten waren das
herrliche Schwert, der ungestüme Kampf.
Alles andere zählt nicht. Ich war tapfer.

Herman Melville

Siempre lo cercó el mar de sus mayores,
Los sajones, que al mar dieron el nombre
Ruta de la ballena, en que se aúnan
Las dos enormes cosas, la ballena
Y los mares que largamente surca.
Siempre fue suyo el mar. Cuando sus ojos
Vieron en alta mar las grandes aguas
Ya lo había anhelado y poseído
En aquel otro mar, que es la Escritura,
O en el dintorno de los arquetipos.
Hombre, se dio a los mares del planeta
Y a las agotadoras singladuras
Y conoció el harpón enrojecido
Por Leviathán y la rayada arena
Y el olor de las noches y del alba
Y el horizonte en que el azar acecha
Y la felicidad de ser valiente
Y el gusto, al fin, de divisar a Itaca.
Debelador del mar, pisó la tierra
Firme que es la raíz de las montañas
Y en la que marca un vago derrotero,
Quieta en el tiempo, una dormida brújula.
A la heredada sombra de los huertos,
Melville cruza las tardes de New England
Pero lo habita el mar. Es el oprobio
Del mutilado capitán del *Pequod*,
El mar indescifrable y las borrascas
Y la abominación de la blancura.
Es el gran libro. Es el azul Proteo.

Herman Melville

Immer umgab ihn das Meer seiner Ahnen,
der Sachsen, die dem Meer den Namen *Walweg*
gegeben haben – die zwei ungeheuren
Dinge verbinden sich darin: der Wal
und die Meere, die er weithin durchfurcht.
Immer hat ihm das Meer gehört. Als er
auf hoher See die großen Wasser sah,
hatte er dies längst ersehnt und besessen
in jenem andren Meer, der Heiligen Schrift,
oder in dem Bannkreis der Archetypen.
Als Mann ergab er sich den Meeren des
Planeten, den erschöpfenden Etmalen,
und kannte die Harpune, rot vom Blut
des Leviathan, den gestriemten Sand
und den Geruch der Nächte und des Morgens
und den Horizont, wo der Zufall lauert,
und die Seligkeit, tapfer zu sein, und
am Schluß die Freude, Ithaka zu schauen.
Als Bezwinger des Meers betrat er die
feste Erde, in der die Berge wurzeln
und auf der, schlummernd, ruhig in der Zeit,
der Kompaß eine vage Richtung weist.
Im überkommenen Schatten der Gärten
zieht Melville durch NeuEnglands Abende,
doch behaust ihn die See. Sie ist die Schmach
des verstümmelten Kapitäns der *Pequod*,
das unenträtselbare Meer und die
Unwetter und das abscheuliche Weiß.
Sie ist das große Buch. Der blaue Proteus.

El ingenuo

Cada aurora (nos dicen) maquina maravillas
Capaces de torcer la más terca fortuna;
Hay pisadas humanas que han medido la luna
Y el insomnio devasta los años y las millas.
En el azul acechan públicas pesadillas
que entenebran el día. No hay en el orbe una
Cosa que no sea otra, o contraria, o ninguna.
A mí sólo me inquietan las sorpresas sencillas.
Me asombra que una llave pueda abrir una puerta,
Me asombra que mi mano sea una cosa cierta,
Me asombra que del griego la eleática saeta
Instantánea no alcance la inalcanzable meta,
Me asombra que la espada cruel pueda ser hermosa,
Y que la rosa tenga el olor de la rosa.

Der Einfältige

Man sagt uns, jedes Morgenrot heckt Wunder aus,
die fähig sind, das härteste Los zu verkehren;
so haben Schritte von Menschen den Mond vermessen,
und die Schlaflosigkeit verheert Jahre und Meilen.
Im Blau lauern öffentliche Albträume, die
den Tag verfinstern. Auf der Welt gibt es kein Ding,
das nicht ein andres wär, Gegenteil, oder Nichts.
Mich besorgen nur schlichte Überraschungen.
Mich wundert, daß ein Schlüssel eine Tür erschließt,
mich wundert, daß meine Hand etwas Festes ist,
mich wundert, daß des Griechen Eleatenpfeil,
so schnell, das unerreichbare Ziel nicht erreicht,
mich wundert, daß das grausame Schwert schön sein kann,
und daß die Rose den Duft der Rose besitzt.

La luna

A María Kodama

Hay tanta soledad en ese oro.
La luna de las noches no es la luna
Que vio el primer Adán. Los largos siglos
De la vigilia humana la han colmado
De antiguo llanto. Mírala. Es tu espejo.

Der Mond

für María Kodama

In diesem Gold ist so viel Einsamkeit.
Der Mond der Nächte ist nicht jener Mond,
den Adam sah. Lange Jahrhunderte
menschlichen Wachens haben ihn erfüllt
mit alter Klage. Schau. Er ist dein Spiegel.

A Johannes Brahms

Yo, que soy un intruso en los jardines
Que has prodigado a la plural memoria
Del porvenir, quise cantar la gloria
Que hacia el azul erigen tus violines.
He desistido ahora. Para honrarte
No basta esa miseria que la gente
Suele apodar con vacuidad el arte.
Quien te honrare ha de ser claro y valiente.
Soy un cobarde. Soy un triste. Nada
Podrá justificar esta osadía
De cantar la magnífica alegría
– Fuego y cristal – de tu alma enamorada.
Mi servidumbre es la palabra impura,
Vástago de un concepto y de un sonido;
Ni símbolo, ni espejo, ni gemido,
Tuyo es el río que huye y que perdura.

An Johannes Brahms

Ich, der ich Eindringling bin in den Gärten,
die du dem Vielzahl-Gedächtnis der Zukunft
beschert hast, wollte die Glorie singen,
die deine Geigen hoch ins Blau errichten.
Ich unterlasse es. Um dich zu ehren,
genügt nicht dieses Elend, das die Leute
so hohltönend bezeichnen als »die Kunst«.
Wer dich ehrt, der muß licht und tapfer sein.
Ich bin ein Feigling. Ich bin traurig. Nichts
könnte die Dreistigkeit rechtfertigen,
die hehre Freude – Feuer und Kristall –
deiner verliebten Seele zu besingen.
Meine Knechtschaft ist das unreine Wort,
Bastard eines Begriffs und eines Klangs;
nicht Symbol und nicht Spiegel und nicht Seufzer
ist dein der Fluß, der flieht und überdauert.

El fin

El hijo viejo, el hombre sin historia,
El huérfano que pudo ser el muerto,
Agota en vano el caserón desierto.
(Fue de los dos y es hoy de la memoria.
Es de los dos.) Bajo la dura suerte
Busca perdido el hombre doloroso
La voz que fue su voz. Lo milagroso
No sería más raro que la muerte.
Lo acosarán interminablemente
Los recuerdos sagrados y triviales
Que son nuestro destino, esas mortales
Memorias vastas como un continente.
Dios o Tal Vez o Nadie, yo te pido
Su inagotable imagen, no el olvido.

Das Ende

Der alte Sohn, der Mann ohne Geschichte,
Waisenknabe, der der Tote sein könnte,
erschöpft vergebens das leere Gebäude.
(Es hat beiden gehört, heut dem Erinnern.
Beiden *gehört* es.) Unterm herben Los
sucht der Mann schmerzverloren jene Stimme,
die seine Stimme war. Das Wunderbare
wäre jetzt nicht seltsamer als der Tod.
Unaufhörlich werden ihn hier umzingeln
Erinnerungen, heilig und trivial,
die unser Schicksal sind, die tödlichen
Erinnerungen, weit wie Kontinente.
Gott, Vielleicht, Niemand – dich bitt ich um ihr
unerschöpfliches Bild, nicht ums Vergessen.

A mi padre

Tú quisiste morir enteramente,
La carne y la gran alma. Tú quisiste
Entrar en la otra sombra sin el triste
Gemido del medroso y del doliente.
Te hemos visto morir con el tranquilo
Ánimo de tu padre ante las balas.
La roja guerra no te dio sus alas,
La lenta parca fue cortando el hilo.
Te hemos visto morir sonriente y ciego.
Nada esperabas ver del otro lado,
Pero tu sombra acaso ha divisado
Los arquetipos que Platón el Griego
Soñó y que me explicabas. Nadie sabe
De qué mañana el mármol es la llave.

An meinen Vater

Du wolltest gänzlich sterben, mit dem Fleisch
und der großen Seele. Du wolltest eingehn
in den andren Schatten ohne das triste
Seufzen des Zaghaften und Leidenden.
Wir sahn dich sterben mit dem ruhigen
Mut deines Vaters angesichts der Kugeln.
Der rote Krieg gab dir nicht seine Schwingen,
die langsame Parze zerschnitt den Faden.
Wir sahn dich sterben, lächelnd und blind.
Du hast im Jenseits nichts zu sehn erwartet,
aber dein Schatten hat vielleicht geschaut
die Archetypen, die Platon erträumte
und die du mir erklärtest. Niemand weiß,
welcher Zukunft Schlüssel der Grabstein ist.

La suerte de la espada

La espada de aquel Borges no recuerda
Sus batallas. La azul Montevideo
Largamente sitiada por Oribe,
El Ejército Grande, la anhelada
Y tan fácil victoria de Caseros,
El intrincado Paraguay, el tiempo,
Las dos balas que entraron en el hombre,
El agua maculada por la sangre,
Los montoneros en el Entre Ríos,
La jefatura de las tres fronteras,
El caballo y las lanzas del desierto,
San Carlos y Junín, la carga última...
Dios le dio resplandor y estaba ciega.
Dios le dio la epopeya. Estaba muerta.
Quieta como una planta nada supo
De la mano viril ni del estrépito
Ni de la trabajada empuñadura
Ni del metal marcado por la patria.
Es una cosa más entre las cosas
Que olvida la vitrina de un museo,
Un símbolo y un humo y una forma
Curva y cruel y que ya nadie mira.
Acaso no soy menos ignorante.

Das Los des Degens

Der Degen jenes Borges weiß nichts von
seinen Schlachten. Blaues Montevideo,
so langwierig belagert von Oribe,
das Große Heer, der heißersehnte und
am Ende so leichte Sieg bei Caseros,
das unwegsame Paraguay, die Zeit,
die beiden Kugeln, die den Mann durchbohrten,
das Wasser, das vom Blut besudelt wurde,
die Freischärler der Provinz Entre Ríos,
das Oberste Kommando der drei Grenzen,
das Pferd und die Lanzen in der Wüste,
San Carlos und Junín, der letzte Angriff ...
Gott gab dem Degen Glanz, und er war blind.
Gott gab ihm das Epos. Und er war tot.
Still wie eine Pflanze wußte er nichts
von der mannhaften Hand noch vom Getöse
und auch nichts von dem ziselierten Knauf
noch vom Metall, geprägt vom Vaterland.
Er ist nur ein Ding mehr unter den Dingen,
vergessen von der Museumsvitrine,
ein Symbol und ein Rauch und eine Form,
krumm und grausam, die keiner mehr betrachtet.
Vielleicht bin ich nicht weniger unwissend.

El remordimiento

He cometido el peor de los pecados
Que un hombre puede cometer. No he sido
Feliz. Que los glaciares del olvido
Me arrastren y me pierdan, despiadados.
Mis padres me engendraron para el juego
Arriesgado y hermoso de la vida,
Para la tierra, el agua, el aire, el fuego.
Los defraudé. No fui feliz. Cumplida
No fue su joven voluntad. Mi mente
Se aplicó a las simétricas porfías
Del arte, que entreteje naderías.
Me legaron valor. No fui valiente.
No me abandona. Siempre está a mi lado
La sombra de haber sido un desdichado.

Die Reue

Ich habe die schlimmste Sünde begangen,
die ein Mensch nur begehen kann. Ich war
nicht glücklich. Mögen Gletscher des Vergessens
mich schleifen und verstreuen, gnadenlos.
Die Eltern haben mich gezeugt für das
gefährliche und schöne Spiel des Lebens,
für Erde und Wasser und Luft und Feuer.
Ich habe sie enttäuscht. Ich war nicht glücklich.
Ihr junger Wille wurde nicht erfüllt.
Mein Geist widmete sich dem symmetrischen
Streben der Kunst, die Nichtigkeit verwebt.
Sie vermachten mir Mut. Ich war nicht mutig.
Dies verläßt mich nicht. Immer bleibt der Schatten,
ein Unglücklicher gewesen zu sein.

Fast alle glaubten, die Schlacht, dieses lebendige, veränder-
liche Ding, habe sie gegen den Kiefernwald geworfen. Im
Nachmittag waren sie noch zehn oder zwölf. Männer von
Pflug und Ruder, von den harten Arbeiten des Landes und
ihrer vorausgesehenen Erschöpfung, waren nun Soldaten.
Weder das Leiden der anderen noch das ihres eigenen
Fleischs bekümmerte sie. Wulfred, die Schulter von einem
Pfeil durchbohrt, starb wenige Schritte vor dem Wald. Niemand erbarmte sich des Freunds, keiner wandte den Kopf.
Schon im gedrängten Schatten der Blätter ließen alle sich
fallen, ohne jedoch Schild oder Bogen abzulegen. Aidan,
der sich hingesetzt hatte, sprach mit langsamer Feierlich-
keit, als ob er laut dächte.

»Byrhtnoth, der unser Herr war, hat seinen Geist auf-
gegeben. Jetzt bin ich der Älteste und vielleicht auch
der Stärkste. Ich weiß nicht, wie viele Winter ich zählen
mag, aber all diese Zeit scheint mir kürzer als die, die
mich von heute morgen trennt. Werferth hat noch geschlafen, als mich der Klang der Glocke weckte. Ich habe den
leichten Schlaf der Alten. Von der Tür aus konnte ich die
gestreiften Segel der Seefahrer (der Wikinger) sehen, die
schon Anker geworfen hatten. Wir haben die Pferde des
Guts gesattelt und sind Byrhtnoth gefolgt. In Sichtweite des
Feinds wurden die Waffen ausgegeben, und viele Hände
mußten den Umgang mit Schild und Schwert erst lernen.
Vom anderen Flußufer hat ein Bote der Wikinger einen
Tribut gefordert, in goldenen Armreifen, und unser Herr
hat geantwortet, er würde ihn in alten Schwertern entrich-
ten. Der angeschwollene Fluß hat sich zwischen die beiden
Heere geschoben. Wir haben den Krieg gefürchtet und ihn
ersehnt, denn er war unvermeidlich. Werferth war zu mei-

ner Rechten, und beinahe hätte ihn ein Norwegerpfeil getroffen.«

Schüchtern unterbrach Werferth:

»Du hast ihn mit dem Schild zerbrochen, Vater.«

Aidan sprach weiter.

»Drei von uns haben die Brücke verteidigt. Die Seefahrer haben vorgeschlagen, wir sollten sie durch die Furt gehen lassen. Bryhtnoth hat es ihnen gestattet. Ich glaube, er hat das getan, weil er gierig war auf die Schlacht, und um die Heiden einzuschüchtern mit dem Vertrauen, das er in unseren Mut setzte. Die Feinde haben den Fluß durchquert, die Schilde über dem Kopf, und sie haben das Gras des steilen Hangs betreten. Dann begann das Männertreffen.«

Die Leute folgten ihm aufmerksam. Sie erinnerten sich dabei an die Dinge, die Aidan aufzählte, und es kam ihnen vor, als ob sie sie erst jetzt begriffen, da eine Stimme sie zu Worten prägte. Seit Tagesanbruch hatten sie um England und das weite künftige Imperium gekämpft, und sie wußten es nicht. Werferth, der seinen Vater gut kannte, nahm an, daß sich unter dieser bedächtigen Rede etwas verbarg.

Aidan fuhr fort.

»Einige wenige sind geflohen und werden der Hohn des Volkes sein. Von uns, die übrig sind, gibt es keinen, der nicht einen Norweger getötet hätte. Als Byrhtnoth starb, war ich an seiner Seite. Er hat nicht zu Gott gebetet, daß Er ihm seine Sünden vergebe; er wußte, daß alle Menschen Sünder sind. Er hat Ihm gedankt für die Tage des Glücks, die Er ihm auf Erden gewährt hat, und vor allem für den letzten: den Tag unserer Schlacht. Uns bleibt nun nur übrig, daß wir es uns verdienen, Zeugen seines Todes und der anderen Tode und Taten dieses großen Tages geworden zu sein. Ich weiß, was die beste Weise ist, dies zu tun. Wir werden die Abkürzung nehmen und vor den Wikingern das Dorf erreichen. Auf beiden Seiten des Wegs, im Hinterhalt, werden wir sie mit Pfeilen empfangen. Der lange Kampf hatte uns erschöpft; ich habe euch hierher geführt, damit wir uns ausruhen konnten.«

Er war aufgestanden, fest und groß, wie es einem Sachsen geziemt.

»Und danach, Aidan?« sagte einer aus der Gruppe, der Jüngste.

»Danach werden sie uns töten. Wir können unseren Herrn nicht überleben. Er hat uns heute morgen befehligt; jetzt liegt das Befehlen bei mir. Ich werde nicht dulden, daß jemand sich als Feigling erweist. Ich habe gesprochen.«

Die Männer standen langsam auf. Einer klagte.

»Wir sind zehn, Aidan«, zählte der Junge.

Aidan fuhr mit seiner gewohnten Stimme fort:

»Wir werden neun sein. Werferth, mein Sohn, ich spreche jetzt zu dir. Was ich dir befehlen werde, ist nicht leicht. Du mußt allein fortgehen und uns verlassen. Du mußt auf den Kampf verzichten, damit der heutige Tag im Gedächtnis der Menschen überdauert. Du bist als einziger fähig, ihn zu bewahren. Du bist der Sänger, der Dichter.«

Werferth kniete nieder. Es war das erste Mal, daß sein Vater ihm von seinen Versen sprach. Er sagte mit stockender Stimme:

»Vater, wirst du denn zulassen, daß man deinen Sohn als Feigling beschimpft wie jene Erbärmlichen, die geflohen sind?«

Aidan antwortete:

»Du hast schon bewiesen, daß du kein Feigling bist. Wir werden unsere Pflicht an Byrhtnoth tun, indem wir ihm unser Leben geben; du tust sie, indem du sein Gedächtnis in der Zeit bewahrst.«

Er wandte sich an die anderen und sagte:

»Jetzt auf, um den Wald zu durchqueren. Wenn der letzte

Pfeil geschossen ist, werfen wir die Schilde in die Schlacht und gehen mit den Schwertern hinaus.«

Werferth sah, wie sie sich im Zwielicht des Tages und des Laubwerks verloren, aber seine Lippen fanden bereits einen Vers.

Einar Tambarskelver

Heimskringla, I, 117

Odín o el rojo Thor o el Cristo Blanco ...
Poco importan los nombres y sus dioses;
No hay otra obligación que ser valiente
Y Einar lo fue, duro caudillo de hombres.
Era el primer arquero de Noruega
Y diestro en el gobierno de la espada
Azul y de las naves. De su paso
Por el tiempo, nos queda una sentencia
Que resplandece en las crestomatías.
La dijo en el clamor de una batalla
En el mar. Ya perdida la jornada,
Ya abierto el estribor al abordaje,
Un flechazo final quebró su arco.
El rey le preguntó qué se había roto
A sus espaldas y Einar Tambarskelver
Dijo: *Noruega, rey, entre tus manos.*
Siglos después, alguien salvó la historia
En Islandia. Yo ahora la traslado,
Tan lejos de esos mares y de ese ánimo.

Einar Tambarskelver

Heimskringla, I, 117

Odin, roter Thor oder Weißer Christus ...
Wenig zählen die Namen und die Götter;
es gibt nur eine Pflicht: tapfer zu sein,
und Einar war es, harter Männerführer.
Er war Norwegens erster Bogenschütze,
er war geschickt im Umgang mit dem blauen
Schwert und mit den Schiffen. Von seinem Schreiten
durch jene Zeit ist uns ein Satz geblieben,
der in den Chrestomathien erstrahlt.
Er sagte ihn im Tosen einer Schlacht
auf See. Der Tag war schon verloren, die
Steuerbordseite schon dem Entern offen,
da brach der Bogen ihm beim letzten Pfeilschuß.
Der König fragte, was da hinter ihm
zerbrochen sei, und Einar Tambarskelver
sprach: *Norwegen, König, in deinen Händen.*
Lange danach barg jemand die Geschichte
in Island. Ich übersetze sie nun,
so fern von diesem Meer und diesem Mut.

En Islandia el alba

Ésta es el alba.
Es anterior a sus mitologías y al Cristo Blanco.
Engendrará los lobos y la serpiente
que también es el mar.
El tiempo no la roza.
Engendró los lobos y la serpiente
que también es el mar.
Ya vio partir la nave que labrarán
Con uñas de los muertos.
Es el cristal de sombra en que se mira
Dios, que no tiene cara.
Es más pesada que sus mares
y más alta que el cielo.
Es un gran muro suspendido.
Es el alba en Islandia.

Das Morgengrau in Island

Dies ist das Morgengrau.
Es ist älter als seine Mythologien und der Weiße Christus.
Es wird die Wölfe zeugen und die Schlange,
die auch das Meer ist.
Die Zeit zernagt es nicht.
Es hat die Wölfe gezeugt und die Schlange,
die auch das Meer ist.
Es hat schon das Schiff losfahren sehen, das man
aus Fingernägeln von Toten bauen wird.
Es ist der Schattenspiegel, in dem sich
Gott betrachtet, der kein Gesicht hat.
Es ist schwerer als seine Meere
und höher als sein Himmel.
Es ist eine große schwebende Mauer.
Es ist das Morgengrau in Island.

Olaus Magnus
(1490 - 1558)

El libro es de Olaus Magnus el teólogo
Que no abjuró de Roma cuando el Norte
Profesó las doctrinas de John Wyclif,
De Hus y de Lutero. Desterrado
Del Septentrión, buscaba por las tardes
De Italia algún alivio de sus males
Y compuso la historia de su gente
Pasando de las fechas a la fábula.
Una vez, una sola, la he tenido
En las manos. El tiempo no ha borrado
El dorso de cansado pergamino,
La escritura cursiva, los curiosos
Grabados en acero, las columnas
De su docto latín. Hubo aquel roce.
Oh no leído y presentido libro,
Tu hermosa condición de cosa eterna
Entró una tarde en las perpetuas aguas
De Heráclito, que siguen arrastrándome.

Olaus Magnus
(1490 - 1558)

Das Buch von Olaus Magnus, Theologe,
der Rom nicht abschwor, als der Norden sich
bekannte zu den Lehren von John Wyclif,
von Hus und Luther. Verbannt aus dem Norden
suchte er in den Abenden Italiens
nach einer Linderung für seine Leiden,
schrieb die Geschichte seines Volks und ging
dabei von Tatsachen zur Fabel über.
Ein Mal, ein einziges Mal, hielt ich es
in Händen. Die Zeit hat es nicht getilgt:
den Rücken aus zermürbtem Pergament,
die kursive Schrift, die merkwürdigen
Stahlstiche, die Spalten seines gelehrten
Latein. Es gab diese eine Berührung.
O ungelesen vorerahntes Buch,
dein schönes Sein eines ewigen Dinges
drang eines Abends in die steten Wasser
von Heraklit, die mich noch weiterreißen.

Los ecos

Ultrajada la carne por la espada
De Hamlet muere un rey de Dinamarca
En su alcázar de piedra, que domina
El mar de sus piratas. La memoria
Y el olvido entretejen una fábula
De otro rey muerto y de sombra. Saxo
Gramático recoge esa ceniza
En su *Gesta Danorum*. Unos siglos
Y el rey vuelve a morir en Dinamarca
Y al mismo tiempo, por curiosa magia,
En un tinglado de los arrabales
De Londres. Lo ha soñado William Shakespeare.
Eterna como el acto de la carne
O como los cristales de la aurora
O como las figuras de la luna
Es la muerte del rey. La soñó Shakespeare
Y seguirán soñándola los hombres
Y es uno de los hábitos del tiempo
Y un rito que ejecutan en la hora
Predestinada unas eternas formas.

Die Echos

Sein Fleisch von Hamlets Schwert geschändet, stirbt
ein König Dänemarks in seiner Burg
aus Stein, welche das Meer seiner Piraten
beherrscht. Gedächtnis und Vergessen weben
eine Fabel hinein von einem andren
toten König und seinem Schatten. Saxo
Grammaticus sammelt die Asche in den
Gesta Danorum. Jahrhunderte später
stirbt der König wieder in Dänemark
und gleichzeitig, durch seltsame Magie,
in einer Kaschemme der Vorstädte
von London. William Shakespeare hatte es
geträumt. So ewig wie der Akt des Fleisches
oder die Kristalle der Morgenröte
oder die Gestalten des Monds ist dieser
Tod des Königs. Shakespeare hat ihn geträumt,
und die Menschen werden ihn weiterträumen;
er zählt zu den Gewohnheiten der Zeit,
ein Ritus, den zu vorbestimmter Stunde
einige ewige Formen durchführen.

Unas monedas

Génesis, 9, 13

El arco del Señor surca la esfera
Y nos bendice. En el gran arco puro
Están las bendiciones del futuro,
Pero también está mi amor, que espera.

Mateo, 27, 9

La moneda cayó en mi hueca mano.
No pude soportarla, aunque era leve,
Y la dejé caer. Todo fue en vano.
El otro dijo: Aún faltan veintinueve.

Un soldado de Oribe

Bajo la vieja mano, el arco roza
De un modo transversal la firme cuerda.
Muere un sonido. El hombre no recuerda
Que ya otra vez hizo la misma cosa.

Einige Münzen

Genesis 9:13

Der Bogen des Herrn furcht die Himmelsphäre
und segnet uns. Im großen lauteren
Bogen sind alle Segnungen der Zukunft,
ist aber auch meine Liebe, die wartet.

Matthäus 27:9

Die Münze fiel in meine hohle Hand.
Leicht wie sie war, konnte ich sie nicht tragen
und ließ sie fallen. Alles war vergeblich.
Der andre sprach: Noch fehlen neunundzwanzig.

Ein Soldat von Oribe

Der Bogen, von der alten Hand geführt,
streicht von der Seite her die straffe Saite.
Es stirbt ein Laut. Der Mann entsinnt sich nicht,
daß er das gleiche schon einmal getan hat.

Baruch Spinoza

Bruma de oro, el occidente alumbra
La ventana. El asiduo manuscrito
Aguarda, ya cargado de infinito.
Alguien construye a Dios en la penumbra.
Un hombre engendra a Dios. Es un judío
De tristes ojos y de piel cetrina;
Lo lleva el tiempo como lleva el río
Una hoja en el agua que declina.
No importa. El hechicero insiste y labra
A Dios con geometría delicada;
Desde su enfermedad, desde su nada,
Sigue erigiendo a Dios con la palabra.
El más pródigo amor le fue otorgado,
El amor que no espera ser amado.

Baruch Spinoza

Golddunst: Der Sonnenuntergang erhellt
das Fenster. Das emsige Manuskript
wartet, von Unendlichem übervoll.
Im Halbschatten errichtet jemand Gott.
Ein Mensch zeugt Gott. Er ist ein Jude mit
traurigen Augen und fahlgelber Haut;
ihn trägt die Zeit davon, so wie der Fluß
im Wasser, das zur Neige geht, ein Blatt.
Bedeutungslos. Der Magier beharrt
und wirkt Gott mit feiner Geometrie;
aus seiner Krankheit, seinem Nichts heraus
errichtet er weiter Gott mit dem Wort.
Die größte Liebe war ihm auferlegt:
die nicht erwartet, selbst geliebt zu werden.

Episode vom Feind

So viele Jahre des Fliehens und Wartens, und nun war der Feind in meinem Haus. Vom Fenster aus sah ich ihn mühsam den rauhen Hügelweg erklimmen. Er half sich mit einem Stock, mit einem häßlichen Stock, der in alten Händen keine Waffe, sondern nur ein Stab sein konnte. Kaum nahm ich das wahr, worauf ich gewartet hatte: den schwachen Schlag an die Tür. Nicht ohne Wehmut sah ich meine Manuskripte an, mein halb gefülltes Skizzenbuch und das Traktat des Artemidor über die Träume, ein hier ziemlich ausgefallenes Buch, da ich kein Griechisch kann. Wieder ein verlorener Tag, dachte ich. Ich mußte mit dem Schlüssel kämpfen. Ich fürchtete, der Mann würde zusammenbrechen, aber er machte ein paar unsichere Schritte, ließ den Stock los, den ich nie wieder sah, und fiel erschöpft auf mein Bett. Meine Angst hatte sich ihn oft vorgestellt, aber erst jetzt bemerkte ich, daß er fast brüderlich Lincolns letztem Porträt glich. Es mochte vier Uhr nachmittags sein.

Ich beugte mich über ihn, damit er mich hören konnte.

»Man glaubt, die Jahre vergehen für einen«, sagte ich zu ihm, »aber sie vergehen auch für die anderen. Hier begegnen wir uns endlich, und das, was vorher geschehen ist, hat keine Bedeutung.«

Während ich sprach, hatte er seinen Mantel aufgeknöpft. Die rechte Hand steckte in der Rocktasche. Er wies mit etwas auf mich, und ich erriet, daß es ein Revolver war.

Da sagte er mit fester Stimme:

»Um Ihr Haus zu betreten, habe ich das Mitleid genutzt. Jetzt habe ich Sie in der Hand, und ich bin nicht barmherzig.«

Ich suchte nach Worten. Ich bin kein starker Mann, und nur Wörter konnten mich retten. Es gelang mir zu sagen:

»Es ist wahr, daß ich vor Zeiten ein Kind mißhandelt habe, aber Sie sind nicht mehr dieses Kind, und ich bin nicht mehr dieser Wahnsinnige. Überdies ist Rache nicht weniger eitel und lächerlich als Vergebung.«

»Eben weil ich nicht mehr dieses Kind bin«, erwiderte er, »muß ich Sie töten. Es handelt sich nicht um Rache, sondern um einen Akt der Gerechtigkeit. Ihre Argumente, Borges, sind bloße Schachzüge Ihres Schreckens, damit ich Sie nicht töte. Sie können nichts mehr tun.«

»Eines kann ich tun«, entgegnete ich.

»Was?« fragte er.

»Erwachen.«

Und das tat ich.

Para una versión del I King

El porvenir es tan irrevocable
Como el rígido ayer. No hay una cosa
Que no sea una letra silenciosa
De la eterna escritura indescifrable
Cuyo libro es el tiempo. Quien se aleja
De su casa ya ha vuelto. Nuestra vida
Es la senda futura y recorrida.
Nada nos dice adiós. Nada nos deja.
No te rindas. La ergástula es oscura,
La firme trama es de incesante hierro,
Pero en algún recodo de tu encierro
Puede haber un descuido, una hendidura,
El camino es fatal como la flecha
Pero en las grietas está Dios, que acecha.

Für eine Fassung des *I Ging*

Die Zukunft steht unwiderruflich fest,
so wie das starre Gestern. Es gibt kein
Ding, das nicht stumme Letter wäre der
ewigen unentzifferbaren Schrift,
deren Buch die Zeit ist. Wer fortgeht von
zu Haus, ist schon heimgekehrt. Unser Leben
ist der künftige und begangene Weg.
Es sagt uns nichts Lebewohl. Nichts verläßt uns.
Ergib dich nicht. Der Sklavenpferch ist dunkel,
der feste Plan unaufhörliches Eisen,
aber in einem Winkel des Verlieses
gibt es vielleicht Nachlässigkeiten, Lücken;
der Weg ist unausweichlich wie der Pfeil,
aber in den Rissen ist Gott, der lauert.

Lo sabían los tres.
Ella era la compañera de Kafka.
Kafka la había soñado.
Lo sabían los tres.
Él era el amigo de Kafka.
Kafka lo había soñado.
Lo sabían los tres.
La mujer le dijo al amigo:
Quiero que esta noche me quieras.
Lo sabían los tres.
El hombre le contestó: Si pecamos,
Kafka dejará de soñarnos.
Uno lo supo.
No había nadie más en la tierra.
Kafka se dijo:
Ahora que se fueron los dos, he quedado solo.
Dejaré de soñarme.

Ein Traum

Die drei wußten es.
Sie war Kafkas Gefährtin.
Kafka hatte sie geträumt.
Die drei wußten es.
Er war Kafkas Freund.
Kafka hatte ihn geträumt.
Die drei wußten es.
Die Frau sagte zum Freund:
Ich will, daß du mich heute abend liebst.
Die drei wußten es.
Der Mann antwortete: Wenn wir sündigen,
wird Kafka aufhören, uns zu träumen.
Einer wußte es.
Es gab keinen sonst auf Erden.
Kafka sagte sich:
Nun da die beiden fort sind, bin ich allein.
Ich werde aufhören, mich zu träumen.

Juan Crisóstomo Lafinur
(1797 - 1824)

El volumen de Locke, los anaqueles,
La luz del patio ajedrezado y terso,
Y la mano trazando, lenta, el verso:
La pálida azucena a los laureles.
Cuando en la tarde evoco la azarosa
Procesión de mis sombras, veo espadas
Públicas y batallas desgarradas;
Con usted, Lafinur, es otra cosa.
Lo veo discutiendo largamente
Con mi padre sobre filosofía,
Y conjurando esa falaz teoría
De unas eternas formas en la mente.
Del otro lado del ya incierto espejo
Lo imagino limando este bosquejo.

Juan Crisóstomo Lafinur
(1797 - 1824)

Der Band von Locke, die Regale, das Licht
vom Patio mit glatten Schachbrettfliesen
und die Hand, die langsam die Zeile schreibt:
Die bleiche Lilie zu den Lorbeerbüschen.
Wenn ich abends die heikle Prozession
meiner Schatten aufrufe, sehe ich
bekannte Degen und schamlose Schlachten;
bei Ihnen, Lafinur, ist das ganz anders.
Ich sehe Sie mit meinem Vater über
Philosophie ausgiebig diskutieren
und diese trügerische Theorie
von ewigen Formen im Geist beschwören.
Jenseits des vagen Spiegels stell ich mir
Sie vor, wie Sie an dieser Skizze feilen.

Heráclito

Heráclito camina por la tarde
De Éfeso. La tarde lo ha dejado,
Sin que su voluntad lo decidiera,
En la margen de un río silencioso
Cuyo destino y cuyo nombre ignora.
Hay un Jano de piedra y unos álamos.
Se mira en el espejo fugitivo
Y descubre y trabaja la sentencia
Que las generaciones de los hombres
No dejarán caer. Su voz declara:
Nadie baja dos veces a las aguas
Del mismo río. Se detiene. Siente
Con el asombro de un horror sagrado
Que él también es un río y una fuga.
Quiere recuperar esa mañana
Y su noche y la víspera. No puede.
Repite la sentencia. La ve impresa
En futuros y claros caracteres
En una de las páginas de Burnet.
Heráclito no sabe griego. Jano,
Dios de las puertas, es un dios latino.
Heráclito no tiene ayer ni ahora.
Es un mero artificio que ha soñado
Un hombre gris a orillas del Red Cedar,
Un hombre que entreteje endecasílabos
Para no pensar tanto en Buenos Aires
Y en los rostros queridos. Uno falta.

East Lansing, 1976

Heraklit

Heraklit wandert durch den Abend von
Ephesos. Ohne daß er dies beschlossen
hätte, führt ihn der Abend und verläßt
ihn dann am Ufer eines stillen Flusses,
dessen Schicksal und Namen er nicht kennt.
Dort sind ein Stein-Janus und ein paar Pappeln.
Er betrachtet sich im flüchtigen Spiegel
und entdeckt und erarbeitet den Satz,
den die Geschlechter der Menschen niemals
vergessen werden. Seine Stimme sagt:
Niemand steigt zwei Mal in die Wasser des
selben Flusses. Er hält inne. Er fühlt
mit dem Staunen eines heiligen Schreckens,
daß auch er ein Fluß ist und ein Entfließen.
Er will diesen Morgen wiedergewinnen,
die Nacht, den Vorabend. Er kann es nicht.
Er wiederholt den Satz, er sieht ihn jetzt
gedruckt in künftigen und deutlichen
Lettern auf einer Seite von Burnet.
Heraklit kann kein Griechisch. Janus, der
Gott der Türen, ist ein römischer Gott.
Heraklit hat kein Gestern und kein Jetzt.
Er ist ein bloßes Artefakt, geträumt
von einem grauen Mann am Ufer des
Red Cedar, einem, der Elfsilbler webt, um
nicht so sehr an Buenos Aires zu denken
und die lieben Gesichter. Eines fehlt.

East Lansing, 1976

La clepsidra

No de agua, de miel, será la última
Gota de la clepsidra. La veremos
Resplandecer y hundirse en la tiniebla,
Pero en ella estarán las beatitudes
Que al rojo Adán otorgó Alguien o Algo:
El recíproco amor y tu fragancia,
El acto de entender el universo,
Siquiera falazmente, aquel instante
En que Virgilio da con el hexámetro,
El agua de la sed y el pan del hambre,
En el aire la delicada nieve,
El tacto del volumen que buscamos
En la desidia de los anaqueles,
El goce de la espada en la batalla,
El mar que libre roturó Inglaterra,
El alivio de oir tras el silencio
El esperado acorde, una memoria
Preciosa y olvidada, la fatiga,
El instante en que el sueño nos disgrega.

Die Wasseruhr

Nicht aus Wasser, aus Honig wird der letzte
Tropfen in der Klepsydra sein. Wir werden
ihn leuchten und versinken sehn im Dunkel,
aber in ihm sind alle Seligkeiten,
die Jemand oder Etwas Adam gab:
gegenseitige Liebe und dein Duft,
der Akt, das Universum zu begreifen
– wenn auch trügerisch –, und jener Moment,
da Vergil auf den Hexameter stößt,
das Wasser des Durstes, das Brot des Hungers,
in der Luft der feine Schnee, die Berührung
des einen Bandes, den wir suchen in
der Nachlässigkeit der Regale, die
Wonne des Schwertes in der Schlacht, das Meer,
das England in der Freiheit urbar machte,
die Freude, nach der Stille den erhofften
Akkord zu hören, eine kostbare
vergessene Erinnerung, die Ermüdung,
der Augenblick, in dem der Schlaf uns auflöst.

No eres los otros

No te habrá de salvar lo que dejaron
Escrito aquellos que tu miedo implora;
No eres los otros y te ves ahora
Centro del laberinto que tramaron
Tus pasos. No te salva la agonía
De Jesús o de Sócrates ni el fuerte
Siddharta de oro que aceptó la muerte
En un jardín, al declinar el día.
Polvo también es la palabra escrita
Por tu mano o el verbo pronunciado
Por tu boca. No hay lástima en el Hado
Y la noche de Dios es infinita.
Tu materia es el tiempo, el incesante
Tiempo. Eres cada solitario instante.

Du bist nicht die Anderen

Dich retten nicht die Schriften, hinterlassen
von jenen, die nun deine Angst anfleht;
du bist nicht die Anderen, und du siehst dich
im Mittelpunkt des Labyrinths aus deinen
Schritten. Dich rettet nicht die Agonie
von Jesus oder Sokrates, noch der
starke Siddharta aus Gold, der den Tod
hinnahm in einem Garten, als der Tag
sich neigte. Staub ist auch das Wort, geschrieben
von deiner Hand, oder das Wort, gesprochen
von deinem Mund. Im Schicksal gibt es kein
Mitleid, und die Nacht Gottes ist unendlich.
Dein Stoff ist die Zeit, die unaufhörliche
Zeit. Du bist jeder einsame Moment.

Signos

A Susana Bombal

*Hacia 1915, en Ginebra, vi en la terraza de un museo una alta cam-
pana con caracteres chinos. En 1976 escribo estas líneas:*

Indescifrada y sola, sé que puedo
ser en la vaga noche una plegaria
de bronce o la sentencia en que se cifra
el sabor de una vida o de una tarde
o el sueño de Chuang Tzu, que ya conoces
o una fecha trivial o una parábola
o un vasto emperador, hoy unas sílabas,
o el universo o tu secreto nombre
o aquel enigma que indagaste en vano
a lo largo del tiempo y de sus días.
Puedo ser todo. Déjame en la sombra.

Zeichen

für Susana Bombal

Um 1915 sah ich in Genf auf der Terrasse eines Museums eine hohe
Glocke mit chinesischen Zeichen. 1976 schreibe ich diese Zeilen:

Unentziffert und einsam weiß ich, daß
ich in der vagen Nacht Gebet sein kann
aus Bronze, oder Satz, der den Geschmack
von einem Leben, einem Abend birgt,
der Traum von Chuang-tzu, den du längst kennst,
oder bloßes Datum oder Parabel,
ein großer Kaiser – heute ein paar Silben –,
das Universum, dein geheimer Name,
oder jenes Rätsel, das du vergebens
im Lauf der Zeit und der Tage befragt hast.
Ich kann Alles sein. Laß mich in dem Schatten.

La moneda de hierro

Aquí está la moneda de hierro. Interroguemos
Las dos contrarias caras que serán la respuesta
De la terca demanda que nadie no se ha hecho:
¿Por qué precisa un hombre que una mujer lo quiera?
Miremos. En el orbe superior se entretejen
El firmamento cuádruple que sostiene el diluvio
Y las inalterables estrellas planetarias.
Adán, el joven padre, y el joven Paraíso.
La tarde y la mañana. Dios en cada criatura.
En ese laberinto puro está tu reflejo.
Arrojemos de nuevo la moneda de hierro
Que es también un espejo mágico. Su reverso
Es nadie y nada y sombra y ceguera. Eso eres.
De hierro las dos caras labran un solo eco.
Tus manos y tu lengua son testigos infieles.
Dios es el inasible centro de la sortija.
No exalta ni condena. Hace algo más: olvida.
Calumniado de infamia ¿por qué no han de quererte?
En la sombra del otro buscamos nuestra sombra;
En el cristal del otro, nuestro cristal recíproco.

Die eiserne Münze

Hier ist die eiserne Münze. Befragen wir
die beiden Gegenseiten, die die Antwort sein werden
auf die Frage, die jeder sich verbissen gestellt hat:
Warum braucht es ein Mann, daß eine Frau ihn liebt?
Laß uns schauen. Am oberen Rand sind verflochten
das vierfältige Firmament, das die Sintflut trägt,
und die unwandelbaren planetaren Sterne.
Adam, der junge Vater, und das junge Paradies.
Der Abend und der Morgen. Gott in jedem Geschöpf.
In diesem reinen Labyrinth ist dein Spiegelbild.
Werfen wir noch einmal die eiserne Münze,
die auch magischer Spiegel ist. Ihre Kehrseite
ist niemand und nichts und Schatten und Blindheit. Dies bist
    du.
Aus Eisen schaffen die beiden Seiten ein einziges Echo.
Deine Hände und deine Zunge sind unzuverlässige Zeugen.
Gott ist das unfaßbare Zentrum des Rings.
Er preist nicht und verdammt nicht. Er tut mehr: Er vergißt.
Der Niedertracht geziehen – warum soll man dich nicht
    lieben?
Im Schatten des anderen suchen wir unseren Schatten;
im Kristall des anderen unseren entsprechenden Kristall.

Historia de la noche
Geschichte der Nacht
(1977)

Inschrift

Wegen der blauen Meere der Atlanten und der großen Meere der Welt. Wegen der Themse, der Rhone und des Arno. Wegen der Wurzeln einer Sprache aus Eisen. Wegen eines Scheiterhaufens auf einem Vorgebirge der Ostsee, *helmum behongen*. Wegen der Norweger, die mit erhobenen Schilden den klaren Fluß durchqueren. Wegen eines Schiffs aus Norwegen, das meine Augen nicht sahen. Wegen eines alten Steins vom Althing. Wegen einer seltsamen Schwaneninsel. Wegen Kim und seines Lama, die die Knie des Gebirges ersteigen. Wegen des sündhaften Hochmuts des Samurai. Wegen des Paradieses in einer Mauer. Wegen des Akkords, den wir nicht hörten, wegen der Verse, die uns nicht begegneten (ihre Zahl ist die des Sandes), wegen des unerforschten Universums. Wegen der Erinnerung an Leonor Acevedo. Wegen Venedig aus Kristall und Dämmerung.

Wegen jener, die Sie sein werden; wegen jener, die ich vielleicht nicht begreifen werde.

Wegen all dieser ungleichen Dinge, die vielleicht, wie Spinoza ahnte, bloße Ausprägungen und Facetten einer einzigen unendlichen Sache sind, widme ich dieses Buch Ihnen, María Kodama.

Buenos Aires, 23. August 1977   J. L. B.

Alejandría, 641 A. D.

Desde el primer Adán que vio la noche
Y el día y la figura de su mano,
Fabularon los hombres y fijaron
En piedra o en metal o en pergamino
Cuanto ciñe la tierra o plasma el sueño.
Aquí está su labor: la Biblioteca.
Dicen que los volúmenes que abarca
Dejan atrás la cifra de los astros
O de la arena del desierto. El hombre
Que quisiera agotarla perdería
La razón y los ojos temerarios.
Aquí la gran memoria de los siglos
Que fueron, las espadas y los héroes,
Los lacónicos símbolos del álgebra,
El saber que sondea los planetas
Que rigen el destino, las virtudes
De hierbas y marfiles talismánicos,
El verso en que perdura la caricia,
La ciencia que descifra el solitario
Laberinto de Dios, la teología,
La alquimia que en el barro busca el oro
Y las figuraciones del idólatra.
Declaran los infieles que si ardiera,
Ardería la historia. Se equivocan.
Las vigilias humanas engendraron
Los infinitos libros. Si de todos
No quedara uno solo, volverían
A engendrar cada hoja y cada línea,
Cada trabajo y cada amor de Hércules,
Cada lección de cada manuscrito.
En el siglo primero de la Hégira,
Yo, aquel Omar que sojuzgó a los persas
Y que impone el Islam sobre la tierra,

Alexandria, 641 AD

Seit dem ersten Adam, der die Nacht sah
und den Tag und die Gestalt seiner Hand,
fabulierten die Menschen und fixierten
in Stein, auf Erz oder auf Pergament,
was Erde umfängt oder Traum gestaltet.
Hier ist ihre Arbeit: die Bibliothek.
Man sagt, daß die Bände, die sie umfaßt,
die Zahl der Sterne oder die des Sands
der Wüste hinter sich lassen. Der Mensch,
der sie erschöpfen wollte – er verlöre
den Verstand und die verwegenen Augen.
Großes Gedächtnis der Jahrhunderte,
die gewesen sind, die Schwerter und Helden,
die lakonischen Algebra-Symbole,
das Wissen, das die Planeten erforscht
die alles Schicksal beherrschen, die Kräfte
der Kräuter und Elfenbeintalismane,
der Vers, in dem Liebkosung überdauert,
die Wissenschaft, die Gottes einsames
Labyrinth erschließt: die Theologie,
die Alchimie, die in dem Lehm das Gold sucht,
und die Darstellungen des Götzendieners.
Die Ungläubigen sagen, wenn sie brännte,
verbrännte alle Geschichte. Sie irren.
Die Nachtwachen der Menschen haben die
unendlichen Bücher gezeugt. Wenn von
allen nicht eines bliebe, würden sie
wieder jedes Blatt zeugen, jede Zeile,
jede Arbeit und Liebe des Herkules,
jede Lesart zu jedem Manuskript.
Ich, Omar, der die Perser unterwarf
und den Islam der Erde auferlegte,
befahl im ersten Jahrhundert der Hedschra

Ordeno a mis soldados que destruyan
Por el fuego la larga Biblioteca,
Que no perecerá. Loados sean
Dios que no duerme y Muhammad, Su Apóstol.

meinen Soldaten, daß sie mit dem Feuer
diese große Bibliothek zerstörten,
die niemals untergeht. Gepriesen seien
Gott, der nicht schläft, und sein Prophet Muhammad.

Alhambra

Grata la voz del agua
A quien abrumaron negras arenas,
Grato a la mano cóncava
El mármol circular de la columna,
Gratos los finos laberintos del agua
Entre los limoneros,
Grata la música del zéjel,
Grato el amor y grata la plegaria
Dirigida a un Dios que está solo,
Grato el jazmín.

Vano el alfanje
Ante las largas lanzas de los muchos,
Vano ser el mejor.
Grato sentir o presentir, rey doliente,
Que tus dulzuras son adioses,
Que te será negada la llave,
Que la cruz del infiel borrará la luna,
Que la tarde que miras es la última.

Granada, 1976

Alhambra

Angenehm die Stimme des Wassers
dem den schwarzer Sand bedrückte,
angenehm der gewölbten Hand
der runde Marmor der Säule,
angenehm die feinen Wasserlabyrinthe
zwischen den Limonenbäumen,
angenehm die *zekhel*-Musik,
angenehm die Liebe und angenehm das Gebet
gerichtet an einen Gott der allein ist,
angenehm der Jasmin.

Eitel der Krummsäbel
vor den langen Lanzen der Vielen,
eitel der Beste zu sein.
Angenehm zu spüren oder vorherzuahnen, schmerzvoller
    König,
daß deine Entzückungen Abschiede sind,
daß dir versagt sein wird der Schlüssel,
daß das Kreuz des Ungläubigen den Mond tilgen wird,
daß der Abend, den du schaust, der letzte ist.

Granada, 1976

Metáforas de
las Mil y Una Noches

La primera metáfora es el río.
Las grandes aguas. El cristal viviente
Que guarda esas queridas maravillas
Que fueron del Islam y que son tuyas
Y mías hoy. El todopoderoso
Talismán que también es un esclavo;
El genio confinado en la vasija
De cobre por el sello salomónico;
El juramento de aquel rey que entrega
Su reina de una noche a la justicia
De la espada, la luna, que está sola;
Las manos que se lavan con ceniza;
Los viajes de Simbad, ese Odiseo
Urgido por la sed de su aventura,
No castigado por un dios; la lámpara;
Los símbolos que anuncian a Rodrigo
La conquista de España por los árabes;
El simio que revela que es un hombre,
Jugando al ajedrez; el rey leproso;
Las altas caravanas; la montaña
De piedra imán que hace estallar la nave;
El jeque y la gacela; un orbe fluido
De formas que varían como nubes,
Sujetas al arbitrio del Destino
O del Azar, que son la misma cosa;
El mendigo que puede ser un ángel
Y la caverna que se llama Sésamo.
La segunda metáfora es la trama
De un tapiz, que propone a la mirada
Un caos de colores y de líneas
Irresponsables, un azar y un vértigo,
Pero un orden secreto lo gobierna.

Metaphern von
Tausendundeiner Nacht

Die erste der Metaphern ist der Fluß.
Die großen Wasser. Lebender Kristall,
der all diese geliebten Wunder hütet,
die dem Islam gehörten und nun deine
und meine sind. Jener Talisman der
allmächtig und dabei auch Sklave ist;
der Dschinn, der durch das Siegel Salomons
in dem Gefäß aus Kupfer eingesperrt ist;
der Schwur des Königs, der die Königin
einer Nacht der Gerichtsbarkeit des Schwerts
überantwortet; der Mond, der allein ist;
die Hände, die sich in der Asche waschen;
die Reisen von Sindbad, diesem Odysseus,
getrieben durch den Durst nach Abenteuer,
nicht durch die Strafe eines Gotts; die Lampe;
die Symbole, die Rodrigo verkünden:
Araber werden Spanien erobern;
der Affe, der sich als Mensch offenbart,
indem er Schach spielt; der lepröse König;
die hohen Karawanen; der Berg aus
Magnetstein, der das Schiff zerschellen läßt;
der Scheich und die Gazelle; fließende
Welt aus Formen, die sich wie Wolken wandeln,
der Willkür des Geschickes unterworfen
oder des Zufalls, was das gleiche ist;
der Bettler, der auch ein Engel sein könnte,
und jene Höhle, die sich Sesam nennt.
Die zweite Metapher ist das Gewebe
eines Teppichs, der jedem Blick ein Chaos
aus unverantwortlichen Farben und
Linien bietet, einen Zufall, Taumel,
den aber geheime Ordnung beherrscht.

Como aquel otro sueño, el Universo,
El Libro de las Noches está hecho
De cifras tutelares y de hábitos:
Los siete hermanos y los siete viajes,
Los tres cadíes y los tres deseos
De quien miró la Noche de las Noches,
La negra cabellera enamorada
En que el amante ve tres noches juntas,
Los tres visires y los tres castigos,
Y encima de las otras la primera
Y última cifra del Señor; el Uno.
La tercera metáfora es un sueño
Agarenos y persas lo soñaron
En los portales del velado Oriente
O en vergeles que ahora son del polvo
Y seguirán soñándolo los hombres
Hasta el último fin de su jornada.
Como en la paradoja del eleata,
El sueño se disgrega en otro sueño
Y ése en otro y en otros, que entretejen
Ociosos un ocioso laberinto.
En el libro está el Libro. Sin saberlo,
La reina cuenta al rey la ya olvidada
Historia de los dos. Arrebatados
Por el tumulto de anteriores magias,
No saben quiénes son. Siguen soñando.
La cuarta es la metáfora de un mapa
De esa región indefinida, el Tiempo,
De cuanto miden las graduales sombras
Y el perpetuo desgaste de los mármoles
Y los pasos de las generaciones.
Todo. La voz y el eco, lo que miran
Las dos opuestas caras del Bifronte,
Mundos de plata y mundos de oro rojo
Y la larga vigilia de los astros.
Dicen los árabes que nadie puede

Wie jener andre Traum, das Universum,
so besteht auch das Buch der Nächte aus
schützenden Zahlen und Gewohnheiten:
die sieben Brüder und die sieben Reisen,
die drei Kadis und die drei Wünsche dessen,
der die Nacht aller Nächte schauen durfte,
der schwarze und verliebte Schopf, in dem
der Liebende drei Nächte zugleich sieht,
die drei Wesire und ihre drei Strafen,
und über allen anderen die erste
und die letzte Ziffer des Herrn: die Eins.
Die dritte der Metaphern ist ein Traum,
Mauren und Perser haben ihn geträumt
in den Torbögen des verhüllten Ostens
oder in Gärten, die heut Staub besitzt,
und den die Menschen weiter träumen werden
bis an das letzte Ende ihrer Reise.
Wie im Paradoxon des Eleaten
löst sich der Traum in einem andren auf
und dieser in andren und andren, die
müßig ein müßiges Labyrinth weben.
Im Buch ist Das Buch. Ohne es zu wissen,
erzählt die Königin dem König beider
vergessene Geschichte. Hingerissen
vom Tosen früherer Magien wissen
sie selbst nicht, wer sie sind. Sie träumen weiter.
Die vierte ist Metapher einer Karte
dieser unbestimmten Region, der Zeit,
dessen, was die schreitenden Schatten messen
und der stete Verschleiß der Marmorsteine
und die Schritte der Generationen.
Alles. Stimme und Echo, das, was die
beiden Gesichter des Janus betrachten,
Silberwelten, Welten aus rotem Gold
und die langwierige Wache der Sterne.
Die Araber sagen, es könne keiner

Leer hasta el fin el Libro de las Noches.
Las Noches son el Tiempo, el que no duerme.
Sigue leyendo mientras muere el día
Y Shahrazad te contará tu historia.

das Buch der Nächte bis zum Ende lesen.
Die Nächte sind die Zeit, die niemals schläft.
Sie liest weiter, während der Tag stirbt, und
Shahrazad erzählt dir deine Geschichte.

Jemand

Balkh, Nishapur, Alexandria; der Name ist unwichtig. Wir können uns einen Brunnen vorstellen, eine Schänke, einen Patio mit hohen verhängten Erkern, einen Fluß, der die Gesichter der Generationen gespiegelt hat. Ebenso können wir uns einen staubigen Garten vorstellen, denn die Wüste ist nicht weit. Man hat einen Kreis gebildet, und ein Mann spricht. Es ist uns nicht gegeben (der Reiche und Jahrhunderte sind viele), den vagen Turban zu entziffern, die lebendigen Augen, die gelbliche Haut und die harte Stimme, die Wunder erzählt. Auch er sieht uns nicht; wir sind zu viele. Er erzählt die Geschichte vom ersten Scheich und der Gazelle oder die jenes Odysseus namens Sindbad der Seefahrer.

Der Mann spricht und gestikuliert. Er weiß nicht (andere werden es wissen), daß er zur Linie der *confabulatores nocturni* gehört, der Rhapsoden der Nacht, die Alexander Bicornis versammelte, sein Wachen aufzuheitern. Er weiß nicht (er wird es nie wissen), daß er unser Wohltäter ist. Er glaubt, für einige wenige und ein paar Münzen zu sprechen, und in einem verlorenen Gestern webt er das Buch von Tausendundeiner Nacht.

Der Tiger

Er ging und kam, fein und fatal, voll unendlicher Energie, jenseits der festen Stäbe, und wir alle betrachteten ihn. Er war der Tiger dieses Morgens, in Palermo, und der Tiger des Orients und der Tiger von Blake und von Hugo, und Shere Khan, und die Tiger, die waren und die sein werden, und auch der Tigerarchetyp, da das Individuum, in seinem Fall, die ganze Gattung ist. Wir fanden, er sei blutrünstig und schön. Norah, damals ein Mädchen, sagte: »Er ist für die Liebe geschaffen.«

Leones

Ni el esplendor del cadencioso tigre
Ni del jaguar los signos prefijados
Ni del gato el sigilo. De la tribu
Es el menos felino, pero siempre
Ha encendido los sueños de los hombres.
Leones en el oro y en el verso,
En patios del Islam y en evangelios,
Vastos leones en el orbe de Hugo,
Leones de la puerta de Micenas,
Leones que Cartago crucifica.
En el violento cobre de Durero
Las manos de Sansón lo despedazan.
Es la mitad de la secreta esfinge
Y la mitad del grifo que en las cóncavas
Grutas custodia el oro de la sombra.
Es uno de los símbolos de Shakespeare.
Los hombres lo esculpieron con montañas
Y estamparon su forma en las banderas
Y lo coronan rey sobre los otros.
Con sus ojos de sombra lo vio Milton
Emergiendo del barro el quinto día,
Desligadas las patas delanteras
Y en alto la cabeza extraordinaria.
Resplandece en la rueda del Caldeo
Y las mitologías lo prodigan.

Un animal que se parece a un perro
Come la presa que le trae la hembra.

Löwen

Nicht die Strahlkraft des harmonischen Tigers,
nicht des Jaguars vorbestimmte Zeichen,
nicht des Katers Geheimnis. Von der Sippe
ist er am wenigsten Katze, doch immer
hat er die Träume der Menschen entzündet.
Löwen in Gold und Löwen im Gedicht,
in Patios des Islam, in Evangelien,
weitläufige Löwen im Kosmos von
Hugo, Löwen des Tores von Mykene,
Löwen, von Karthago ans Kreuz geschlagen.
Im ungestümen Kupferstich von Dürer
reißen ihn die Hände Samsons in Stücke.
Er ist die Hälfte der geheimen Sphinx
und die Hälfte des Greifs, der in gewölbten
Grotten die Goldschätze des Schattens hütet.
Er ist eines der Symbole von Shakespeare.
Die Menschen haben ihn aus Fels gehauen,
seine Gestalt auf Banner übertragen
und krönen ihn zum König all der andren.
Mit seinen Schattenaugen sah ihn Milton
auftauchen aus dem Lehm am fünften Tag,
die Vorderbeine hoch gereckt und hoch
erhoben dieser ungeheure Kopf.
Er leuchtet aus dem Rade des Chaldäers,
und voll von ihm sind die Mythologien.

Ein Tier, das einem Hund ähnelt, verschlingt
die Beute, die das Weibchen ihm gebracht hat.

Caja de música

Música del Japón. Avaramente
De la clepsidra se desprenden gotas
De lenta miel o de invisible oro
Que en el tiempo repiten una trama
Eterna y frágil, misteriosa y clara.
Temo que cada una sea la última.
Son un ayer que vuelve. ¿De qué templo,
De qué leve jardín en la montaña,
De qué vigilias ante un mar que ignoro,
De qué pudor de la melancolía,
De qué perdida y rescatada tarde,
Llegan a mí, su porvenir remoto?
No lo sabré. No importa. En esa música
Yo soy. Yo quiero ser. Yo me desangro.

Spieldose

Musik aus Japan. Geizig lösen sich
von der Wasseruhr Tropfen gemächlichen
Honigs oder aus unsichtbarem Gold,
die in der Zeit ein Schema wiederholen,
ewig und zart, geheimnisvoll und licht.
Ich fürchte, jeder könnt der letzte sein.
Sie sind Rückkehr eines Gestern. Aus welchem
Tempel, welchem leichten Garten am Berg,
welcher Wacht an mir unbekanntem Meer,
welcher schwermütigen Schamhaftigkeit,
welchem verloren geborgenen Abend
kommen sie zu mir, ihrer fernen Zukunft?
Wer weiß. Unwichtig. In dieser Musik
bin ich. Möchte ich sein. Verblute ich.

Endimión en Latmos

Yo dormía en la cumbre y era hermoso
Mi cuerpo, que los años han gastado.
Alto en la noche helénica, el centauro
Demoraba su cuádruple carrera
Para atisbar mi sueño. Me placía
Dormir para soñar y para el otro
Sueño lustral que elude la memoria
Y que nos purifica del gravamen
De ser aquel que somos en la tierra.
Diana, la diosa que es también la luna,
Me veía dormir en la montaña
Y lentamente descendió a mis brazos
Oro y amor en la encendida noche.
Yo apretaba los párpados mortales,
Yo quería no ver el rostro bello
Que mis labios de polvo profanaban.
Yo aspiré la fragancia de la luna
Y su infinita voz dijo mi nombre.
Oh las puras mejillas que se buscan,
Oh ríos del amor y de la noche,
Oh el beso humano y la tensión del arco.
No sé cuánto duraron mis venturas;
Hay cosas que no miden los racimos
Ni la flor ni la nieve delicada.
La gente me rehúye. Le da miedo
El hombre que fue amado por la luna.
Los años han pasado. Una zozobra
Da horror a mi vigilia. Me pregunto
Si aquel tumulto de oro en la montaña
Fue verdadero o no fue más que un sueño.
Inútil repetirme que el recuerdo
De ayer y un sueño son la misma cosa.
Mi soledad recorre los comunes

Endymion auf Latmos

Ich ruhte auf dem Gipfel, und schön war
mein Körper, heute abgenutzt von Jahren.
Hoch in der hellenischen Nacht verhielt
der Kentaur seinen vierfüßigen Lauf,
meinen Traum auszuspähen. Es gefiel mir,
zu schlafen für das Träumen und für den
anderen langen Traum, der dem Gedächtnis
entzogen uns von der Beschwernis reinigt,
jener zu sein, der wir auf Erden sind.
Diana, die Göttin, die auch der Mond ist,
sie sah mich schlafen auf diesem Gebirge
und stieg langsam herab in meine Arme
– Gold und Liebe in der entflammten Nacht.
Die sterblichen Lider hab ich gepreßt,
wollte das schöne Antlitz nicht erblicken,
das ich entweihte mit Lippen aus Staub.
Ich atmete den Duft des Mondes, und
ihre unendliche Stimme sprach meinen
Namen. O reine Wangen die sich suchen,
o Flüsse der Liebe, Flüsse der Nacht,
o Menschenkuß und die Spannung des Bogens.
Ich weiß nicht, wie lang mein Entzücken währte;
es gibt Dinge, die man nicht an den Trauben,
den Blumen oder feinem Schnee ermißt.
Die Leute fliehen mich. Der Mann, der von
der Mondgöttin geliebt wurde, macht Angst.
Die Jahre sind vergangen. Eine Sorge
erfüllt mein Wachen mit Grauen. Ich frag mich,
ob dies goldene Tosen auf dem Berg
wirklich war oder nicht mehr als ein Traum.
Sinnlos zu wiederholen, daß Erinnern
an Gestern und ein Traum dasselbe sind.
Meine Einsamkeit wandert die gewohnten

Caminos de la tierra, pero siempre
Busco en la antigua noche de los númenes
La indiferente luna, hija de Zeus.

Wege der Erde, aber immer such ich
in der uralten Nacht der Götter die
gleichgültige Luna, Tochter des Zeus.

Eine Scholie

Nach zwanzig Jahren der Mühsal und eines sonderbaren Abenteuers kehrt Odysseus, Sohn des Laertes, heim zu seinem Ithaka. Mit dem ehernen Schwert und dem Bogen nimmt er die gebührende Rache. Betäubt bis zur Furcht wagt Penelope nicht, ihn wiederzuerkennen, und um ihn zu prüfen, spielt sie auf ein Geheimnis an, das sie beide und nur sie beide teilen: das des gemeinsamen Brautbetts, das kein Sterblicher verrücken kann, denn der Ölbaum, aus dem es gebaut wurde, fesselt es an die Erde. Dies ist die Geschichte, die im dreiundzwanzigsten Buch der *Odyssee* zu lesen steht.

Homer wußte sehr wohl, daß man die Dinge indirekt sagen muß. Ebenso wußten dies seine Griechen, deren natürliche Sprache der Mythos war. Die Fabel vom Pfühl, der ein Baum ist, ist eine Art Metapher. Die Königin wußte, daß der Unbekannte der König war, als sie sich in seinen Augen sah, als sie in ihrer Liebe empfand, daß ihr die Liebe des Odysseus begegnete.

Das Spiel

Sie sahen einander nicht an. Im geteilten Dämmerlicht waren beide ernst und still.

Er hatte ihre linke Hand ergriffen und zog ihr den Ring aus Elfenbein und den Silberring ab und steckte sie wieder an.

Dann nahm er ihre rechte Hand und zog die beiden Silberringe und den Goldring mit harten Steinen ab und steckte sie wieder an.

Sie hielt ihm abwechselnd die Hände hin.

Das dauerte einige Zeit. Sie verschränkten die Finger und preßten die Handflächen aneinander.

Sie taten dies alles langsam und zart, als hätten sie Angst, sich zu irren.

Sie wußten nicht, daß dieses Spiel nötig war, damit sich etwas Bestimmtes ereignete, in der Zukunft, in einer bestimmten Gegend.

Ni siquiera soy polvo

No quiero ser quien soy. La avara suerte
Me ha deparado el siglo diecisiete,
El polvo y la rutina de Castilla,
Las cosas repetidas, la mañana
Que, prometiendo el hoy, nos da la víspera,
La plática del cura y del barbero,
La soledad que va dejando el tiempo
Y una vaga sobrina analfabeta.
Soy hombre entrado en años. Una página
Casual me reveló no usadas voces
Que me buscaban, Amadís y Urganda.
Vendí mis tierras y compré los libros
Que historian cabalmente las empresas:
El Grial, que recogió la sangre humana
Que el Hijo derramó para salvarnos,
El ídolo de oro de Mahoma,
Los hierros, las almenas, las banderas
Y las operaciones de la magia.
Cristianos caballeros recorrían
Los reinos de la tierra, vindicando
El honor ultrajado o imponiendo
Justicia con los filos de la espada.
Quiera Dios que un enviado restituya
A nuestro tiempo ese ejercicio noble.
Mis sueños lo divisan. Lo he sentido
A veces en mi triste carne célibe.
No sé aún su nombre. Yo, Quijano,
Seré ese paladín. Seré mi sueño.
En esta vieja casa hay una adarga
Antigua y una hoja de Toledo
Y una lanza y los libros verdaderos
Que a mi brazo prometen la victoria.
¿A mi brazo? Mi cara (que no he visto)

Ich bin nicht einmal Staub

Ich will nicht sein der ich bin. Geizig hat
das Schicksal mir das siebzehnte Jahrhundert
beschieden, Kastiliens Staub und Alltag,
die Wiederholungen, den Morgen, der das
Heute verheißt und den Vorabend gibt,
Gespräche mit dem Pfarrer, dem Barbier,
die Einsamkeit, die sickert aus der Zeit,
und eine Nichte, vag, analphabetisch.
Ich bin längst alt geworden. Eine Seite,
zufällig, enthüllte mir fremde Namen,
die mich suchten, Amadis und Urganda.
Ich hab mein Land verkauft und kaufte Bücher,
die all die Dinge eingehend verzeichnen:
den Gral, der das menschliche Blut auffing,
als es Der Sohn vergoß, uns zu erlösen,
das goldene Götzenbild Mohammeds,
die Waffen und die Zinnen und die Banner
und die Operationen der Magie.
Ritter der Christenheit durchzogen die
Königreiche der Erde, stellten dort
geschmähte Ehre her oder erzwangen
Gerechtigkeit mit der Schneide des Schwerts.
Wolle Gott, daß unsrer Zeit ein Gesandter
dieses edle Bestreben wiedergebe.
Ihn ahnen meine Träume. Ich empfand ihn
schon in meinem tristen ledigen Fleisch.
Noch weiß ich den Namen nicht. Ich, Quijano,
will dieser Paladin, werde mein Traum sein.
In diesem alten Haus gibt's einen Schild,
uralt, und eine Klinge aus Toledo
und eine Lanze und die Bücher, die
wahrhaftig meinem Arm den Sieg verheißen.
Meinem Arm? Mein Gesicht (das ich nie sah)

No proyecta una cara en el espejo.
Ni siquiera soy polvo. Soy un sueño
Que entreteje en el sueño y la vigilia
Mi hermano y padre, el capitán Cervantes,
Que militó en los mares de Lepanto
Y supo unos latines y algo de árabe …
Para que yo pueda soñar al otro
Cuya verde memoria será parte
De los días del hombre, te suplico:
Mi Dios, mi soñador, sigue soñándome.

hinterläßt in den Spiegeln kein Gesicht.
Ich bin nicht einmal Staub. Ich bin ein Traum,
den träumend und wachend mein Bruder und
Vater bewirkt, der Capitán Cervantes,
der auf den Meeren von Lepanto kämpfte,
wenig Latein, kaum Arabisch verstand ...
Damit ich den anderen träumen kann,
dessen grünes Gedächtnis Teil sein wird
der Tage des Menschen, fleh ich dich an:
Mein Gott, mein Träumer, träum mich weiterhin.

Islandia

Qué dicha para todos los hombres,
Islandia de los mares, que existas.
Islandia de la nieve silenciosa y del agua ferviente.
Islandia de la noche que se aboveda
sobre la vigilia y el sueño.
Isla del día blanco que regresa,
joven y mortal como Baldr.
Fría rosa, isla secreta
que fuiste la memoria de Germania
y salvaste para nosotros
su apagada, enterrada mitología,
el anillo que engendra nueve anillos,
los altos lobos de la selva de hierro
que devorarán la luna y el sol,
la nave que Alguien o Algo construye
con uñas de los muertos.
Islandia de los cráteres que esperan,
y de las tranquilas majadas.
Islandia de las tardes inmóviles
y de los hombres fuertes
que son ahora marineros y barqueros y párrocos
y que ayer descubrieron un continente.
Isla de los caballos de larga crin
que engendran sobre el pasto y la lava,
isla del agua llena de monedas
y de no saciada esperanza.
Islandia de la espada y de la runa,
Islandia de la gran memoria cóncava
que no es una nostalgia.

Island

Welches Glück für die Menschen,
Island der Meere, daß es dich gibt.
Island des stummen Schnees und des siedenden Wassers.
Island der Nacht die sich wölbt
über dem Wachen und dem Traum.
Insel des weißen Tages der wiederkehrt,
jung und sterblich wie Baldr.
Kalte Rose, geheime Insel
die Germaniens Gedächtnis war
und für uns gerettet hat
seine erloschene, begrabene Mythologie,
den Ring, der neun Ringe zeugt,
die hohen Wölfe des Eisenwaldes
die Mond und Sonne verschlingen werden,
das Schiff das Jemand oder Etwas baut
aus Fingernägeln von Toten.
Island der harrenden Krater
und der stillen Schafhürden.
Island der reglosen Abende
und der starken Männer,
die heute Matrosen sind und Fährleute und Pfarrer
und gestern einen Kontinent entdeckten.
Island der langmähnigen Pferde,
die sich auf der Weide und der Lava fortzeugen,
Insel des Wassers voller Münzen
und der ungesättigten Hoffnung.
Island des Schwerts und der Rune,
Island des großen gewölbten Gedächtnisses
das keine Nostalgie ist.

Gunnar Thorgilsson
(1816 - 1879)

La memoria del tiempo
Está llena de espadas y de naves
Y de polvo de imperios
Y de rumor de hexámetros
Y de altos caballos de guerra
Y de clamores y de Shakespeare.
Yo quiero recordar aquel beso
Con el que me besabas en Islandia.

Gunnar Thorgilsson
(1816-1879)

Das Gedächtnis der Zeit
ist voll von Schwertern und Schiffen
und vom Staub der Imperien
und vom Raunen der Hexameter
und von hohen Schlachtrossen
und von Tosen und von Shakespeare.
Ich will mich an jenen Kuß erinnern
den du mir auf Island gabst.

Un libro

Apenas una cosa entre las cosas
Pero también un arma. Fue forjada
En Inglaterra, en 1604,
Y la cargaron con un sueño. Encierra
Sonido y furia y noche y escarlata.
Mi palma la sopesa. Quién diría
Que contiene el infierno: las barbadas
Brujas que son las parcas, los puñales
Que ejecutan las leyes de la sombra,
El aire delicado del castillo
Que te verá morir, la delicada
Mano capaz de ensangrentar los mares,
La espada y el clamor de la batalla.

Ese tumulto silencioso duerme
En el ámbito de uno de los libros
Del tranquilo anaquel. Duerme y espera.

Ein Buch

Fast nicht einmal ein Ding unter den Dingen,
doch eine Waffe. Sie wurde geschmiedet
in England, anno 1604,
und geladen mit einem Traum. Sie birgt
Tosen und Wut und Nacht und Scharlachrot.
Meine Handfläche wägt sie. Wer denn würde
glauben, daß sie die Hölle enthält: die
bärtigen Hexen, die die Parzen sind,
die Dolche, die die Gesetze des Schattens
vollziehen, die feine Luft jenes Schlosses,
das dich wird sterben sehn, die feine Hand,
die fähig ist, die Meere blutigrot
zu färben, das Schwert und den Lärm der Schlacht.

All dieses schweigende Getümmel schlummert
im Weltkreis eines der Bücher in dem
ruhigen Regal. Es schlummert und wartet.

Buenos Aires, 1899

El aljibe. En el fondo la tortuga.
Sobre el patio la vaga astronomía
Del niño. La heredada platería
Que se espeja en el ébano. La fuga
Del tiempo, que al principio nunca pasa.
Un sable que ha servido en el desierto.
Un grave rostro militar y muerto.
El húmedo zaguán. La vieja casa.
En el patio que fue de los esclavos
La sombra de la parra se aboveda.
Silba un trasnochador por la vereda.
En la alcancía duermen los centavos.
Nada. Sólo es pobre medianía
Que buscan el olvido y la elegía.

Buenos Aires, 1899

Der Brunnen. Die Schildkröte auf dem Grund.
Die vage Astronomie eines Jungen
über dem Patio. Das Familiensilber,
das sich im Ebenholz spiegelt. Die Flucht
der Zeit, die doch am Anfang nie vergeht.
Ein Säbel, der in der Wüste gedient hat.
Ein ernstes, totes Militärgesicht.
Der feuchte Bogengang. Das alte Haus.
In dem Patio, der einmal den Sklaven
zustand, wölbt sich der Schatten des Spaliers.
Ein Nachtschwärmer pfeift auf dem Trottoir.
In der Sparbüchse schlummern die Centavos.
Nichts. Es ist nur das arme Mittelmaß,
das Vergessen und Elegie erstreben.

Milonga del forastero

La historia corre pareja,
La historia siempre es igual;
La cuentan en Buenos Aires
Y en la campaña oriental.

Siempre son dos los que tallan,
Un propio y un forastero;
Siempre es de tarde. En la tarde
Está luciendo el lucero.

Nunca se han visto la cara,
No se volverán a ver;
No se disputan haberes
Ni el favor de una mujer.

Al forastero le han dicho
Que en el pago hay un valiente.
Para probarlo ha venido
Y lo busca entre la gente.

Lo convida de buen modo,
No alza la voz ni amenaza;
Se entienden y van saliendo
Para no ofender la casa.

Ya se cruzan los puñales,
Ya se enredó la madeja,
Ya quedó tendido un hombre
Que muere y que no se queja.

Milonga vom Fremden

Die Geschichte wiederholt sich,
die Geschichte bleibt sich gleich;
man hört sie aus Buenos Aires
und Uruguays Hinterland.

Zwei sind's immer, die sich schlagen,
ein Heimischer und ein Fremder;
immer ist es Abend. Abends
wenn der Abendstern erstrahlt.

Nie haben sie sich gesehen,
werden sich nie wiedersehn;
weder um Besitz geht's ihnen
noch um die Gunst einer Frau.

Dem Fremden hat man gesagt,
in dem Ort gibt's einen Kerl.
Er kommt, um den zu erproben
und sucht ihn unter den Leuten.

Anständig lädt er ihn ein,
droht nicht, hebt auch nicht die Stimme;
sie sind einig, gehn hinaus,
um das Haus nicht zu entehren.

Und schon kreuzen sich die Dolche,
schon wird alles undurchschaubar,
schon liegt einer ausgestreckt,
der nun stirbt, ohne zu klagen.

Sólo esa tarde se vieron.
No se volverán a ver;
No los movió la codicia
Ni el amor de una mujer.

No vale ser el más diestro,
No vale ser el más fuerte;
Siempre el que muere es aquél
Que vino a buscar la muerte.

Para esa prueba vivieron
Toda su vida esos hombres;
Ya se han borrado las caras,
Ya se borrarán los nombres.

Erst heut abend haben sie
sich gesehn, sehn sich nie wieder;
Habgier hat sie nicht bewegt
noch die Liebe einer Frau.

Wer geschickter ist, wer stärker,
all das nützt am Ende nichts;
immer geht der in den Tod,
der den Tod hat suchen wollen.

Für die Prüfung haben diese
Männer lebenslang gelebt;
schon verschwimmen die Gesichter,
bald verschwimmen schon die Namen.

Der Verdammte

Eine der beiden Straßen, die sich kreuzen, könnte Andes sein oder San Juan oder Bermejo; es kommt aufs Gleiche hinaus. In der reglosen Abenddämmerung wartet Ezequiel Tabares. Von der Ecke aus kann er unbemerkt den offenen Eingang zur Mietskaserne beobachten, einen halben Block entfernt. Er verliert nicht die Geduld, wechselt nur manchmal das Trottoir und geht in den verlassenen Schankladen, wo ihm der selbe Angestellte den gleichen Gin serviert, der ihm nicht in der Kehle brennt und für den er ein paar Kupfermünzen hinlegt. Danach geht er wieder auf seinen Posten. Er weiß, daß der Chengo bald herauskommen wird, der Chengo, der ihm die Matilde ausgespannt hat. Mit der rechten Hand berührt er die kleine Ausbeulung; der Dolch steckt im Ärmelloch der Weste, unter dem zweireihigen Sakko. Er erinnert sich längst nicht mehr an die Frau; er denkt nur an den anderen. Er spürt die bescheidene Präsenz des flachen Blocks, die Gitterfenster, die Dachterrassen, die Patios aus Fliesen oder Lehm. Der Mann sieht diese Dinge noch immer. Ohne daß er es wüßte, ist Buenos Aires um ihn her gewuchert wie eine lärmende Pflanze. Er sieht nicht – das zu sehen ist ihm verwehrt – die neuen Häuser und die großen plumpen Busse. Die Leute gehen durch ihn hindurch, und er weiß es nicht. Er weiß auch nicht, daß er eine Strafe erleidet. Er ist übervoll von Haß.

Heute, am 13. Juni 1977, ertasten die Finger der rechten Hand des toten Compadrito Ezequiel Tabares, verurteilt zu bestimmten Minuten von 1890, in einer ewigen Abenddämmerung den unmöglichen Dolch.

Das Pferd

Die Ebene, die seit Anbeginn wartet. Jenseits der letzten Pfirsichbäume, bei den Tränken, scheint ein großes weißes Pferd mit schläfrigen Augen den Morgen auszufüllen. Der Hals gebogen, wie auf einem persischen Bild, und Mähne und Schweif verwirbelt. Es ist aufrecht und fest und aus großen Krümmungen gemacht. Ich denke an Chaucers seltsame Zeile: *a very horsely horse*. Es gibt nichts, womit man es vergleichen könnte, und es ist nicht nah, aber man weiß, daß es sehr groß ist.

Nichts, außer inzwischen Mittag.

Hier und jetzt ist das Pferd, aber etwas anderes ist in ihm, denn es ist auch ein Pferd in einem Traum Alexanders von Makedonien.

El grabado

¿Por qué, al hacer girar la cerradura,
Vuelve a mis ojos con asombro antiguo
El grabado de un tártaro que enlaza
Desde el caballo un lobo de la estepa?
La fiera se revuelve eternamente.
El jinete la mira. La memoria
Me concede esta lámina de un libro
Cuyo color y cuyo idioma ignoro.
Muchos años hará que no la veo.
A veces me da miedo la memoria.
En sus cóncavas grutas y palacios
(Dijo San Agustín) hay tantas cosas.
El infierno y el cielo están en ella.
Para el primero basta lo que encierra
El más común y tenue de tus días
Y cualquier pesadilla de tu noche;
Para el otro, el amor de los que aman,
La frescura del agua en la garganta
De la sed, la razón y su ejercicio,
La tersura del ébano invariable
O – luna y sombra – el oro de Virgilio.

Der Stich

Warum, wenn ich das Schloß sich drehen lasse,
kommt mir mit altem Staunen vor die Augen
der Stich von dem Tatar, der mit dem Lasso
vom Pferd aus einen Wolf der Steppe fängt?
Das Tier dreht sich in Ewigkeit herum.
Der Reiter betrachtet es. Das Gedächtnis
gewährt mir dieses Blatt in einem Buch,
dessen Farbe und Sprache ich nicht kenne.
Es ist Jahre her, daß ich es gesehn hab.
Manchmal macht die Erinnerung mir angst.
In ihren hohlen Grotten und Palästen
(sagte Augustin) sind so viele Dinge.
Die Hölle und der Himmel sind darin.
Was dein gewöhnlichster und schwachster Tag
oder irgendein Albtraum deiner Nacht
enthalten hat, genügt schon für die Hölle;
für den Himmel die Liebe der Liebenden,
Frische von Wasser in der Kehle des
Durstes, die Vernunft und ihre Verwendung,
unwandelbaren Ebenholzes Glätte
oder – Mond und Schatten – das Gold Vergils.

Pienso en las cosas que pudieron ser y no fueron.
El tratado de mitología sajona que Beda no escribió.
La obra inconcebible que a Dante le fue dado acaso entrever,
Ya corregido el último verso de la Comedia.
La historia sin la tarde de la Cruz y la tarde de la cicuta.
La historia sin el rostro de Helena.
El hombre sin los ojos, que nos han deparado la luna.
En las tres jornadas de Gettysburg la victoria del Sur.
El amor que no compartimos.
El dilatado imperio que los Vikings no quisieron fundar.
El orbe sin la rueda o sin la rosa.
El juicio de John Donne sobre Shakespeare.
El otro cuerno del Unicornio.
El ave fabulosa de Irlanda, que está en dos lugares a un
    tiempo.
El hijo que no tuve.

Ich denk an die Dinge, die hätten sein können und nicht
   waren.
Der Traktat über sächsische Mythologie, den Beda nicht
   schrieb.
Das unfaßbare Werk, das Dante vielleicht zu ahnen gegeben
   war,
als er den letzten Vers der Komödie schon korrigiert hatte.
Die Geschichte ohne den Kreuzesabend und den
   Schierlingsabend.
Die Geschichte ohne Helenas Gesicht.
Der Mensch ohne die Augen, die uns den Mond beschert
   haben.
An den drei Tagen von Gettysburg der Sieg des Südens.
Die Liebe, die wir nicht geteilt haben.
Das weite Imperium, das die Wikinger nicht gründen wollten.
Der Erdkreis ohne das Rad oder die Rose.
Das Urteil von John Donne über Shakespeare.
Das andere Horn des Einhorns.
Der Fabelvogel Irlands, der gleichzeitig an zwei Orten ist.
Der Sohn, den ich nicht hatte.

El enamorado

Lunas, marfiles, instrumentos, rosas,
Lámparas y la línea de Durero,
Las nueve cifras y el cambiante cero,
Debo fingir que existen esas cosas.
Debo fingir que en el pasado fueron
Persépolis y Roma y que una arena
Sutil midió la suerte de la almena
Que los siglos de hierro deshicieron.
Debo fingir las armas y la pira
De la epopeya y los pesados mares
Que roen de la tierra los pilares.
Debo fingir que hay otros. Es mentira.
Sólo tú eres. Tú, mi desventura
Y mi ventura, inagotable y pura.

Der Verliebte

Monde, Elfenbein, Instrumente, Rosen,
Lampen und die Linie von Dürer, die
neun Ziffern und die wandelbare Null,
ich muß so tun, als gäb es diese Dinge.
Ich muß so tun, als hätte es gegeben
Persepolis und Rom, als hätte feiner
Sand das Geschick der Zinne abgemessen,
die ehern die Jahrhunderte zerrieben.
Ich muß die Waffen und den Scheiterhaufen
des Epos und die schweren Meere, die
der Erde Säulen benagen, erheucheln.
Ich muß so tun, als gäb es andere.
Lüge. Es gibt nur dich. Dich, mein Unheil
und mein Glück, unerschöpflich und lauter.

G. A. Bürger

No acabo de entender
por qué me afectan de este modo las cosas
que le sucedieron a Bürger
(sus dos fechas están en la enciclopedia)
en una de las ciudades de la llanura,
junto al río que tiene una sola margen
en la que crece la palmera, no el pino.
Al igual de todos los hombres,
dijo y oyó mentiras,
fue traicionado y fue traidor,
agonizó de amor muchas veces
y, tras la noche del insomnio,
vio los cristales grises del alba,
pero mereció la gran voz de Shakespeare
(en la que están las otras)
y la de Angelus Silesius de Breslau
y con falso descuido limó algún verso,
en el estilo de su época.
Sabía que el presente no es otra cosa
que una partícula fugaz del pasado
y que estamos hechos de olvido:
sabiduría tan inútil
como los corolarios de Spinoza
o las magias del miedo.
En la ciudad junto al río inmóvil,
unos dos mil años después de la muerte de un dios
(la historia que refiero es antigua),
Bürger está solo y ahora,
precisamente ahora, lima unos versos.

G. A. Bürger

Ich kann nicht begreifen,
warum mich die Dinge so sehr berühren,
die Bürger widerfuhren
(seine beiden Daten stehen in der Enzyklopädie)
in einer der Städte des Flachlands,
beim Fluß der nur ein Ufer hat
auf dem die Palme wächst, nicht die Fichte.
Wie alle Menschen
sagte und hörte er Lügen,
war verraten und Verräter,
litt oft die Agonie der Liebe,
und nach der Nacht der Schlaflosigkeit
sah er die grauen Scheiben des Morgens,
aber er verdiente Shakespeares große Stimme
(in der die anderen sind)
und die des Angelus Silesius aus Breslau,
und scheinbar achtlos feilte er irgendeinen Vers
im Stil seiner Zeit.
Er wußte, daß die Gegenwart nichts anderes ist
als ein flüchtiges Partikel der Vergangenheit,
und daß wir aus Vergessen gemacht sind:
Weisheit so nutzlos
wie die Korollarien Spinozas
oder die Magien der Angst.
In der Stadt am unbewegten Fluß
an die zweitausend Jahre nach dem Tod eines Gottes
(die Geschichte, die ich erzähle, ist alt)
ist Bürger allein und jetzt,
genau jetzt, feilt er einige Verse.

La espera

Antes que suene el presuroso timbre
Y abran la puerta y entres, oh esperada
Por la ansiedad, el universo tiene
Que haber ejecutado una infinita
Serie de actos concretos. Nadie puede
Computar ese vértigo, la cifra
De lo que multiplican los espejos,
De sombras que se alargan y regresan,
De pasos que divergen y convergen.
La arena no sabría numerarlos.
(En mi pecho, el reloj de sangre mide
El temeroso tiempo de la espera.)

Antes que llegues,
Un monje tiene que soñar con un ancla,
Un tigre tiene que morir en Sumatra,
Nueve hombres tienen que morir en Borneo.

Das Warten

Eh die eilige Klingel schellt, und jemand
öffnet die Tür, und du trittst ein, o du
von der Sehnsucht Erwartete, muß das
All eine endlose Reihe konkreter
Akte ausgeführt haben. Niemand kann
je diesen Taumel berechnen, die Ziffer
dessen, was die Spiegel vervielfachen,
der Schatten, die sich ausdehnen und schrumpfen,
der Schritte, die sich trennen und sich treffen.
Alle Sandkörner könnten sie nicht zählen.
(Die Uhr aus Blut in meiner Brust ermißt
die zaghafte Zeit des Wartens.)

Ehe du kommst,
muß ein Mönch von einem Anker träumen,
muß ein Tiger in Sumatra sterben,
müssen neun Menschen sterben auf Borneo.

El espejo

Yo, de niño, temía que el espejo
Me mostrara otra cara o una ciega
Máscara impersonal que ocultaría
Algo sin duda atroz. Temí asimismo
Que el silencioso tiempo del espejo
Se desviara del curso cotidiano
De las horas del hombre y hospedara
En su vago confín imaginario
Seres y formas y colores nuevos.
(A nadie se lo dije; el niño es tímido.)
Yo temo ahora que el espejo encierre
El verdadero rostro de mi alma,
Lastimada de sombras y de culpas,
El que Dios ve y acaso ven los hombres.

Der Spiegel

Als Kind fürchtete ich, daß mir der Spiegel
ein andres Gesicht böte oder eine
unpersönliche Maske, die etwas
zweifellos Gräßliches verbörge. Auch
fürchtete ich, die stille Zeit des Spiegels
könnte abweichen vom alltäglichen
Lauf der Stunden des Menschen, und in seinen
vagen imaginären Grenzen neue
Geschöpfe und Formen und Farben bergen.
(Ich sagte es keinem; das Kind ist schüchtern.)
Heute fürcht ich, daß der Spiegel das wahre
Gesicht meiner Seele enthalten könnte,
beeinträchtigt von Schatten und von Schuld,
das Gott sieht, das vielleicht die Menschen sehen.

A Francia

El frontispicio del castillo advertía:
Ya estabas aquí antes de entrar
y cuando salgas no sabrás que te quedas.
Diderot narra la parábola. En ella están mis días,
mis muchos días.
Me desviaron otros amores
y la erudición vagabunda,
pero no dejé nunca de estar en Francia
y estaré en Francia cuando la grata muerte me llame
en un lugar de Buenos Aires.
No diré la tarde y la luna; diré Verlaine.
No diré el mar y la cosmogonía; diré el nombre de Hugo.
No la amistad, sino Montaigne.
No diré el fuego; diré Juana,
y las sombras que evoco no disminuyen
una serie infinita.
¿Con qué verso entraste en mi vida
como aquel juglar del Bastardo
que entró cantando en la batalla,
que entró cantando la *Chanson de Roland*
y no vio el fin, pero presintió la victoria?
La firme voz rueda de siglo en siglo
y todas las espadas son Durendal.

An Frankreich

Das Giebelfeld des Schlosses warnte:
Du warst schon hier, ehe du eingetreten bist,
und wenn du gehst, wirst du nicht wissen, daß du bleibst.
Diderot erzählt die Parabel. In ihr sind meine Tage,
meine vielen Tage.
Andere Liebschaften lenkten mich ab
und die schweifende Gelehrsamkeit,
aber ich habe nie aufgehört, in Frankreich zu sein
und werde in Frankreich sein, wenn der willkommene
Tod
mich irgendwo in Buenos Aires ruft.
Ich will nicht der Abend sagen und der Mond; ich will
    Verlaine sagen.
Ich will nicht sagen das Meer und die Kosmogonie; ich will
    den Namen Hugo sagen.
Nicht die Freundschaft, sondern Montaigne.
Ich will nicht sagen das Feuer; ich will Johanna sagen,
und die Schatten, die ich beschwöre, mindern nicht
eine unendliche Reihe.
Mit welchem Vers bist du in mein Leben getreten
wie jener Spielmann des Bastards,
der singend in die Schlacht ging,
der dabei das *Rolandslied* sang
und das Ende nicht sah, aber den Sieg vorausfühlte?
Die feste Stimme kreist durch die Jahrhunderte,
und alle Schwerter sind Durendal.

Manuel Peyrou

Suyo fue el ejercicio generoso
De la amistad genial. Era el hermano
A quien podemos, en la hora adversa
Confiarle todo o, sin decirle nada,
Dejarle adivinar lo que no quiere
Confesar el orgullo. Agradecía
La variedad del orbe, los enigmas
De la curiosa condición humana,
El azul del tabaco pensativo,
Los diálogos que lindan con el alba,
El ajedrez heráldico y abstracto,
Los arabescos del azar, los gratos
Sabores de las frutas y las aves,
El café insomne y el propicio vino
Que conmemora y une. Un verso de Hugo
Podía arrebatarlo. Yo lo he visto.
La nostalgia fue un hábito de su alma.
Le placía vivir en lo perdido,
En la mitología cuchillera
De una esquina del Sur o de Palermo
O en tierras que a los ojos de su carne
Fueron vedadas: la madura Francia
Y América del rifle y de la aurora.
En la vasta mañana se entregaba
A la invención de fábulas que el tiempo
No dejará caer y que conjugan
Aquella valentía que hemos sido
Y el amargo sabor de lo presente.
Luego fue declinando y apagándose.
Esta página no es una elegía.
No dije ni las lágrimas ni el mármol
Que prescriben los cánones retóricos.
Atardece en los vidrios. Llanamente

Manuel Peyrou

Er beherrschte die großherzige Kunst
der geistvollen Freundschaft. Er war der Bruder,
dem wir in der Stunde des Mißgeschicks
alles anvertraun können oder ihn,
ohne ein Wort, erraten lassen können,
was der Stolz nicht bekennen will. Er schätzte
die Vielfältigkeit dieser Welt, die Rätsel
der sonderbaren *condition humaine*,
das Blau des Nachdenken fördernden Tabaks,
die Dialoge bis zum Morgengrauen,
das heraldische und abstrakte Schachspiel,
die Arabesken des Zufalls, die Vögel,
die angenehmen Geschmäcke der Früchte,
den wachen Kaffee, den geneigten Wein,
der erinnert und eint. Ein Vers Hugos
konnt ihn zerschmettern. Ich hab es gesehn.
Nostalgie war eine Gewohnheit seiner
Seele. Er lebte gern im Verlorenen,
in der Mythologie der Messerstecher
einer Ecke in Sur oder Palermo,
oder in Ländern, die seinen leiblichen
Augen verwehrt waren: das reife Frankreich
und Amerika von Flinte und Frühlicht.
Im weiten Morgen überließ er sich
dem Erfinden von Fabeln, die die Zeit
nicht fallenlassen wird, und die verbinden
die Tapferkeit, die wir einst waren, mit
dem bitteren Geschmack der Gegenwart.
Dann ging er nieder und erlosch allmählich.
Diese Seite ist keine Elegie.
Ich formulierte Tränen nicht noch Marmor,
erheischt von den Gesetzen der Rhetorik.
In den Scheiben wird es Abend. Wir haben

Hemos hablado de un querido amigo
Que no puede morir. Que no se ha muerto.

einfach von einem lieben Freund geredet,
der nicht sterben kann, nicht gestorben ist.

He olvidado mi nombre. No soy Borges
(Borges murió en La Verde, ante las balas)
Ni Acevedo, soñando una batalla,
Ni mi padre, inclinado sobre el libro
O aceptando la muerte en la mañana,
Ni Haslam, descifrando los versículos
De la Escritura, lejos de Northumberland,
Ni Suárez, de la carga de las lanzas.
Soy apenas la sombra que proyectan.
Esas íntimas sombras intrincadas.
Soy su memoria, pero soy el otro.
Que estuvo, como Dante y como todos
Los hombres, en el raro Paraíso
Y en los muchos Infiernos necesarios.
Soy la carne y la cara que no veo.
Soy al cabo del día el resignado
Que dispone de un modo algo distinto
Las voces de la lengua castellana
Para narrar las fábulas que agotan
Lo que se llama la literatura.
Soy el que hojeaba las enciclopedias,
El tardío escolar de sienes blancas
O grises, prisionero de una casa
Llena de libros que no tienen letras
Que en la penumbra escande un temeroso
Hexámetro aprendido junto al Ródano,
El que quiere salvar un orbe que huye
Del fuego y de las aguas de la Ira
Con un poco de Fedro y de Virgilio.
El pasado me acosa con imágenes.
Soy la brusca memoria de la esfera
De Magdeburgo o de dos letras rúnicas
O de un dístico de Angelus Silesius.

The Thing I Am

Ich vergaß meinen Namen, bin nicht Borges
(Borges starb in La Verde, an den Kugeln),
noch Acevedo, der von einer Schlacht träumt,
noch mein Vater, der sich über das Buch neigt
oder den Tod im Morgen akzeptiert,
noch Haslam beim Entziffern der Versikel
der Bibel, so fern von Northumberland,
noch Suárez von der Lanzenattacke.
Ich bin kaum nur der Schatten, den sie werfen,
diese intimen verwickelten Schatten.
Ich bin ihr Gedenken, aber ich bin
der andre, der wie Dante und wie alle
im raren Paradies gewesen ist
und in den vielen notwendigen Höllen.
Ich bin das Fleisch und das Gesicht, das ich
nicht seh. Am Schluß des Tages bin ich der,
der resigniert, auf etwas andre Weise,
die Wörter der spanischen Sprache reiht,
um die Fabeln zu erzählen, die das,
was man die Literatur nennt, erschöpfen.
Ich bin der Lexika durchblättert hat,
der späte Schüler mit den weißen oder
grauen Schläfen, Gefangener eines Hauses
voll Büchern ohne Lettern, der im Zwielicht
einen verzagten Hexameter, den
er an der Rhone gelernt hat, skandiert,
der eine Welt bewahren will, die flieht
vorm Feuer und vor den Wassern Des Zorns,
mit ein wenig von Phädrus und Vergil.
Mit Bildern hetzt mich die Vergangenheit.
Ich bin jähes Erinnern an die Kugel
von Magdeburg, an ein paar Runenzeichen,
ein Distichon von Angelus Silesius.

Soy el que no conoce otro consuelo
Que recordar el tiempo de la dicha.
Soy a veces la dicha inmerecida.
Soy el que sabe que no es más que un eco,
El que quiere morir enteramente.
Soy acaso el que eres en el sueño.
Soy la cosa que soy. Lo dijo Shakespeare.
Soy lo que sobrevive a los cobardes
Y a los fatuos que ha sido.

Ich bin der keine andre Tröstung kennt
als die Erinnerung an die Zeit des Glücks.
Manchmal bin ich das unverdiente Glück.
Ich bin der weiß, er ist nichts als ein Echo,
ich bin der gerne gänzlich sterben möchte.
Ich bin vielleicht jener, der du im Traum bist.
Ich bin das Ding das ich bin. Das schrieb Shakespeare.
Ich bin, was die Feiglinge überlebt
und die Eitlen, die er gewesen ist.

Un sábado

Un hombre ciego en una casa hueca
Fatiga ciertos limitados rumbos
Y toca las paredes que se alargan
Y el cristal de las puertas interiores
Y los ásperos lomos de los libros
Vedados a su amor y la apagada
Platería que fue de los mayores
Y los grifos del agua y las molduras
Y unas vagas monedas y la llave.
Está solo y no hay nadie en el espejo.
Ir y venir. La mano roza el borde
Del primer anaquel. Sin proponérselo,
Se ha tendido en la cama solitaria
Y siente que los actos que ejecuta
Interminablemente en su crepúsculo
Obedecen a un juego que no entiende
Y que dirige un dios indescifrable.
En voz alta repite y cadenciosa
Fragmentos de los clásicos y ensaya
Variaciones de verbos y de epítetos
Y bien o mal escribe este poema.

Ein Samstag

Ein blinder Mann in einem hohlen Haus
erschöpft bestimmte und begrenzte Wege,
und er berührt die Wände die sich weiten
und die Glasscheiben in den Zwischentüren
und die rauhen Rücken der seiner Liebe
verwehrten Bücher und das erloschene
Silbergeschirr, das den Ahnen gehörte,
und die Wasserhähne und Bilderrahmen
und ein paar vage Münzen und den Schlüssel.
Er ist allein und niemand ist im Spiegel.
Gehen und Kommen. Die Hand streift den Rand
des ersten Regals. Ohne es zu wollen
hat er sich aufs einsame Bett gelegt
und fühlt, daß die Akte, die er unendlich
in seiner Abenddämmerung vollzieht,
Teil eines Spiels sind, das er nicht versteht,
das ein unentzifferbarer Gott lenkt.
Laut wiederholt er mit gemessener Stimme
Fragmente der Klassiker und versucht
Verben und Beiwörter zu variieren
und schreibt recht oder schlecht dieses Gedicht.

Las causas

Los ponientes y las generaciones.
Los días y ninguno fue el primero.
La frescura del agua en la garganta
De Adán. El ordenado Paraíso.
El ojo descifrando la tiniebla.
El amor de los lobos en el alba.
La palabra. El hexámetro. El espejo.
La Torre de Babel y la soberbia.
La luna que miraban los caldeos.
Las arenas innúmeras del Ganges.
Chuang-Tzu y la mariposa que lo sueña.
Las manzanas de oro de las islas.
Los pasos del errante laberinto.
El infinito lienzo de Penélope.
El tiempo circular de los estoicos.
La moneda en la boca del que ha muerto.
El peso de la espada en la balanza.
Cada gota de agua en la clepsidra.
Las águilas, los fastos, las legiones.
César en la mañana de Farsalia.
La sombra de las cruces en la tierra.
El ajedrez y el álgebra del persa.
Los rastros de las largas migraciones.
La conquista de reinos por la espada.
La brújula incesante. El mar abierto.
El eco del reloj en la memoria.
El rey ajusticiado por el hacha.
El polvo incalculable que fue ejércitos.
La voz del ruiseñor en Dinamarca.
La escrupulosa línea del calígrafo.
El rostro del suicida en el espejo.
El naipe del tahúr. El oro ávido.
Las formas de la nube en el desierto.

Die Ursachen

Die Abenddämmer und die Generationen.
Die Tage und keiner war der erste.
Die Frische des Wassers in der Kehle
Adams. Das geordnete Paradies.
Das Auge, das die Finsternis enträtselt.
Die Liebe der Wölfe im Morgenlicht.
Das Wort. Der Hexameter. Der Spiegel.
Der Turm von Babel und der Hochmut.
Der Mond, den die Chaldäer betrachteten.
Der unzählige Sand des Ganges.
Chuang-tzu und der Schmetterling, der ihn träumt.
Die goldenen Äpfel der Inseln.
Die Schritte des schweifenden Labyrinths.
Das unendliche Leinentuch der Penelope.
Die kreisförmige Zeit der Stoiker.
Die Münze im Mund des Verstorbenen.
Das Gewicht des Schwerts auf der Waage.
Jeder Wassertropfen in der Klepsydra.
Die Adler, die Fasten, die Legionen.
Caesar am Morgen von Pharsalos.
Der Schatten der Kreuze auf der Erde.
Das Schachspiel und die Algebra des Persers.
Die Spuren der weiten Wanderzüge.
Die Eroberungen von Reichen durch das Schwert.
Der unaufhörliche Kompaß. Das offene Meer.
Das Echo der Uhr im Gedächtnis.
Der König, hingerichtet durch das Beil.
Der unzählige Staub, der Heere war.
Die Stimme der Nachtigall in Dänemark.
Die heikle Linie der Kalligraphen.
Das Gesicht des Selbstmörders im Spiegel.
Die Karte des Falschspielers. Das gierige Gold.
Die Formen der Wolke in der Wüste.

Cada arabesco del calidoscopio.
Cada remordimiento y cada lágrima.
Se precisaron todas esas cosas
Para que nuestras manos se encontraran.

Jede Arabeske des Kaleidoskops.
Jeder Gewissensbiß und jede Träne.
All diese Dinge waren unabdingbar,
damit unsre Hände einander fanden.

Adán es tu ceniza

La espada morirá como el racimo.
El cristal no es más frágil que la roca.
Las cosas son su porvenir de polvo.
El hierro es el orín. La voz, el eco.
Adán, el joven padre, es tu ceniza.
El último jardín será el primero.
El ruiseñor y Píndaro son voces.
La aurora es el reflejo del ocaso.
El micenio, la máscara de oro.
El alto muro, la ultrajada ruina.
Urquiza, lo que dejan los puñales.
El rostro que se mira en el espejo
No es el de ayer. La noche lo ha gastado.
El delicado tiempo nos modela.

Qué dicha ser el agua invulnerable
Que corre en la parábola de Heráclito
O el intrincado fuego, pero ahora,
En este largo día que no pasa,
Me siento duradero y desvalido.

Adam ist deine Asche

Das Schwert wird sterben wie die Traube.
Der Kristall ist nicht zerbrechlicher als der Fels.
Die Dinge sind ihre Zukunft aus Staub.
Das Eisen ist der Urin. Die Stimme das Echo.
Adam, der junge Vater, ist deine Asche.
Der letzte Garten wird der erste sein.
Die Nachtigall und Pindar sind Stimmen.
Die Morgenröte ist der Widerschein des Sonnenuntergangs.
Der Mykener ist die Maske aus Gold.
Die hohe Mauer ist geschändete Ruine.
Urquiza, was die Dolche hinterließen.
Das Gesicht, das sich im Spiegel betrachtet,
ist nicht das von gestern. Die Nacht hat es verbraucht.
Die feine Zeit modelliert uns.

Welches Glück, das unverletzliche Wasser zu sein,
das in Heraklits Parabel fließt,
oder das verwickelte Feuer, aber jetzt,
an diesem langen Tag der nicht vergeht,
fühl ich mich dauerhaft und hilflos.

Historia de la noche

A lo largo de sus generaciones
los hombres erigieron la noche.
En el principio era ceguera y sueño
y espinas que laceran el pie desnudo
y temor de los lobos.
Nunca sabremos quién forjó la palabra
para el intervalo de sombra
que divide los dos crepúsculos;
nunca sabremos en qué siglo fue cifra
del espacio de estrellas.
Otros engendraron el mito.
La hicieron madre de las Parcas tranquilas
que tejen el destino
y le sacrificaban ovejas negras
y el gallo que presagia su fin.
Doce casas le dieron los caldeos;
infinitos mundos, el Pórtico.
Hexámetros latinos la modelaron
y el terror de Pascal.
Luis de León vio en ella la patria
de su alma estremecida.
Ahora la sentimos inagotable
como un antiguo vino
y nadie puede contemplarla sin vértigo
y el tiempo la ha cargado de eternidad.

Y pensar que no existiría
sin esos tenues instrumentos, los ojos.

Geschichte der Nacht

Im Lauf ihrer Generationen
haben die Menschen die Nacht errichtet.
Im Anfang war sie Blindheit und Traum
und Dornen die den nackten Fuß ritzen
und Angst vor Wölfen.
Wir werden nie wissen, wer das Wort schmiedete
für das Intervall aus Schatten,
das die beiden Dämmerungen trennt;
wir werden nie wissen, in welchem Jahrhundert sie
Verschlüsselung des Sternenraums war.
Andere zeugten den Mythos.
Man machte sie zur Mutter der ruhigen Parzen,
die das Schicksal weben,
und opferte ihr schwarze Schafe
und den Hahn, der ihr Ende ankündigt.
Zwölf Häuser gaben ihr die Chaldäer;
unendliche Welten die Schüler Zenons.
Es modellierten sie lateinische Hexameter
und Pascals Entsetzen.
Luis de León sah in ihr die Heimat
seiner erschütterten Seele.
Jetzt empfinden wir sie als unauslotbar
wie einen alten Wein,
und niemand kann sie ohne Taumel betrachten,
und die Zeit hat sie mit Ewigkeit aufgeladen.

Und zu bedenken, daß es sie nicht gäbe
ohne diese schwachen Werkzeuge, die Augen.

Epilog

Ein beliebiger Umstand – eine Beobachtung, ein Abschied, eine Begegnung, eine jener merkwürdigen Arabesken, in denen der Zufall sich gefällt – kann die ästhetische Bewegung hervorrufen. Das Los des Dichters ist es, diese inwendige Gefühlsbewegung auf eine Fabel oder eine Kadenz zu projizieren. Der Stoff, über den er verfügt, die Sprache, ist, wie Stevenson behauptet, absurd unzulänglich. Was tun mit den verbrauchten Wörten – mit Francis Bacons *Idola Fori* – und mit etlichen rhetorischen Kunstgriffen, die in den Handbüchern stehen? Auf den ersten Blick nichts oder sehr wenig. Dennoch genügt eine Seite des genannten Stevenson oder eine von Senecas Zeilen, um zu zeigen, daß das Unterfangen nicht immer unmöglich ist. Um der Kontroverse zu entgehen, habe ich vergangene Beispiele gewählt; ich überlasse dem Leser den üppigen Zeitvertreib, andere gelungene Beispiele zu suchen, die vielleicht näher sind.

Ein Gedichtband ist nichts anderes als eine Folge magischer Exerzitien. Der bescheidene Zauberer tut mit seinen bescheidenen Mitteln, was er kann. Ein unglücklicher Anklang, ein falscher Tonfall, eine Nuance können den Bann brechen. Whitehead hat die Annahme eines vollkommenen Wörterbuchs als Denkfehler denunziert: anzunehmen, daß es für jede Sache ein Wort gebe. Wir arbeiten aufs Geratewohl. Das Weltall ist fließend und veränderlich, die Sprache starr.

Von all den Büchern, die ich veröffentlicht habe, ist dies mein intimstes. Es wimmelt von Verweisen auf Bücher; auch Montaigne, Erfinder der Intimität, machte davon reichlichen Gebrauch. Das gilt auch für Robert Burton, dessen unerschöpfliche *Anatomie der Melancholie* – eines der persönlichsten Werke der Literatur – eine Art von Flickendecke ist, undenkbar ohne lange Bücherregale. Wie bestimmte Städte, wie bestimmte Personen, waren ein sehr willkommener Teil meines Schicksals die Bücher. Darf ich wiederholen, daß die Bibliothek meines Vaters der wichtigste Umstand meines Lebens gewesen ist? In Wahrheit habe ich sie nie verlassen, wie auch Alonso Quijano nie die seine verlassen hat.

Buenos Aires, 7. Oktober 1977   J. L. B.

Anhang

Editorische Notiz

Die Erstausgaben der in diesem Buch enthaltenen Gedichtbände erschienen sämtlich in Buenos Aires bei Emecé: *La rosa profunda* 1975 in einer Erstauflage von 10 000 Exemplaren, *La moneda de hierro* 1976 (12 000), *Historia de la noche* 1977 (12 000). Für den vorliegenden Band wurden die Texte der dreibändigen Gesamtausgabe *Obras Completas* von 1989 entnommen, die den Textzustand der Erstausgaben wiedergeben.

Allerdings bleibt die editorische Situation vorläufig unübersichtlich bzw. unbefriedigend. 1977 faßte Borges in einem bei Emecé, Buenos Aires, erschienenen Band *Obra Poética* seine Gedichte 1923-1976 zusammen, bis einschließlich *La moneda de hierro*. Gegenüber den Texten der Erstausgaben nahm er hier einige Korrekturen vor; die meisten sind geringfügig und betreffen ein Wort, eine halbe Zeile, gelegentlich auch nur die optische Anordnung (z.B. Sonette mit/ohne Leerzeilen zwischen den Quartetten und Terzetten). Zumindest in einem Fall jedoch handelt es sich um eine größere Veränderung. In ›Elegía‹ S. 72/73 in diesem Band) sind aus den letzten sieben Zeilen fünf geworden, mit Änderungen:

> *Pienso en piratas cuya carne humana*
> *Es dispersión y limo bajo el peso*
> *De los mares errantes que ultrajaron.*
> *Pienso en mi propia, en mi perfecta muerte,*
> *Sin la urna, la lápida y la lágrima.*

[Ich denke an die Piraten, deren Menschenfleisch
Zerstreuung/zerstreut ist und Schlamm unter dem Gewicht
der schweifenden Meere, die sie schändeten.
Ich denk an meinen, den völligen Tod,
ohne Urne, Grabstein und Träne.]

Die von den Piraten geschändeten schweifenden Meere sind sprachlich zweifellos kraftvoller als die Meere, »die ihr Abenteuer waren«; die weggefallenen Seefahrer auf borealen Odysseen waren eine Art Verdoppelung der Piraten und zwar nicht völlig überflüssig, aber doch ohne Verlust zu streichen. Die *urna cineraria*, »Aschenurne«, der letzten Zeile war beinahe tautologisch und höchst sinnvoll ersetzt durch »Urne und Grabstein«. Zumindest in diesem Fall hat die von María Kodama edierte Gesamtausgabe von 1981 also durch Rückgriff auf die Erstfassung eine deutlich bessere Version eliminiert.

Ein weiterer Unterschied zwischen Erstausgaben und Gesamtausgabe von 1989 einerseits und der erwähnten *Obra Poética* von 1977 andererseits ist der Umgang mit mehrfach aufgenommenen Texten. Etliche Gedichte z. B. in *La rosa profunda* standen schon in *El oro de los tigres* (1972; in dieser Ausgabe enthalten in *Schatten und Tiger*); bei der Zusammenstellung von *Rosa...* ging es Borges wahrscheinlich darum, die betreffenden Gedichte in einen ihm sinnvoller erscheinenden Kontext zu stellen (oder zu ergänzen; so wurde aus ›Dreizehn Münzen‹ in *...tigres* ›Fünfzehn Münzen‹ in *Rosa...*). In *Obra Poética* finden sich diese Texte nur einmal, im »Kapitel« *La rosa profunda*. Die Kodama-Edition von 1989, der die vorliegende Ausgabe folgt, brachte all diese Gedichte mehrmals, in sämtlichen Zusammenhängen. Die Dopplungen sind in den Anmerkungen registriert.

Ein dritter Punkt: Sämtliche in den ursprünglichen Gedichtbänden (und der Gesamtausgabe) enthaltene Kurzprosa wurde von Borges nicht in die *Obra Poética* aufgenommen. Ob er all diese seit *El Hacedor* (*Borges und ich*, 1960) entstandenen Texte irgendwann in einem gesonderten Band zu sammeln beabsichtigte, läßt sich nur mutmaßen.

Aus umbruchtechnischen Gründen mußte in einigen Fällen die Abfolge der Texte geändert werden; hier die ursprüngliche Reihung (S. 196f.):

Jemand – Spieldose – Der Tiger – Endymion – Eine Scholie – Ich bin nicht einmal Staub – Island – Gunnar Thorgilsson – Ein Buch – Das Spiel – Milonga vom Fremden – Der Verdammte – Buenos Aires, 1899 – Das Pferd.

Anmerkungen

Die nachstehenden Anmerkungen sollen dem Verständnis der Texte dienen und auf Zusammenhänge innerhalb von Borges' Werk verweisen. Anmerkungen, die von Borges stammen und den Originalbänden entnommen wurden, stehen in Anführungszeichen und sind mit JLB gekennzeichnet.

La rosa profunda / Die tiefe Rose

Vorwort
Poes Lehre vom Gedicht als Leistung der Intelligenz findet sich in *Philosophy of Composition*.
    Traum des Hirten, Beda, Coleridge: vgl. *Buch der Träume.*
    Vergil: Der Vers findet sich in *Aeneis* I, 462; wörtlich etwa: »es gibt Tränen ob der Dinge, und sie berühren den Geist der Menschen«; in Ebeners Nachdichtung: »(man) weint auch über das Unglück, betroffen vom Schicksal der Menschen«.
    Meredith: »Erst wenn das Feuer auf dem Rost stirbt, suchen wir nach Verwandtschaft mit den Sternen.«

Browning resuelve ser poeta / Browning beschließt Dichter zu sein
Da es sich um eine jähe Entdeckung eines Zustands (Zeile 2), nicht um die Planung einer Lehrzeit handelt, schien mir »...Dichter zu sein« angemessener als das geläufigere »...zu werden«.

La pantera / Der Panther
auch in *Schatten und Tiger.*

Espadas / Schwerter
auch in *Schatten und Tiger.* JLB: »Gram ist das Schwert von Sigurd, Durendal das von Roland, Joyeuse das von Karl dem Großen, Excalibur das Schwert, das Arthur aus einem Stein zog.«

Quince monedas / Fünfzehn Münzen
als › *Trece monedas* / Dreizehn Münzen‹ in *Schatten und Tiger;* die beiden letzten sind hier neu angefügt.

Asterion: Einer der Namen des Minotaurus; vgl. ›Das Haus des Asterion‹ in *Das Aleph*.

E. A. P.: Edgar Allan Poe.

El espía erscheint noch einmal als eigenständiger Text in *La cifra* (1981, in *Besitz des Gestern*).

Sueña Alonso Quijano / Alonso Quijano träumt
auch in *Schatten und Tiger*.

A un César / An einen Caesar
auch in *Schatten und Tiger*.

Proteo / Proteus
auch in *Schatten und Tiger*.

Otra versión de Proteo / Andere Fassung von Proteus
auch in *Schatten und Tiger*.

Un mañana / Ein Morgen
auch in *Schatten und Tiger*.

Habla un busto de Jano / Eine Janusbüste spricht
auch in *Schatten und Tiger*.

Brunanburh, 937 A.D. / Brunanburh, 937 AD
JLB: »Es sind die Worte eines [Angel-]Sachsen, der beim Sieg mitgekämpft hat, den die Könige von Wessex über eine von Anlaf/Olaf aus Irland geleitete Koalition aus Schotten, Dänen und Briten errangen. Im Gedicht gibt es Echos der zeitgenössischen Ode, die Tennyson so hervorragend übersetzt hat.«

El ciego / Der Blinde
auch in *Schatten und Tiger*.

Elegía / Elegie
JLB: »Scyld ist der dänische König, dessen Schicksal in der Einleitung des Beowulf-Epos besungen wird. Der schöne tote Gott ist Baldr; seine prophetischen Träume und sein Ende finden sich in der Edda.«
Vgl. hierzu auch Editorische Notiz.

El desterrado / Der Verbannte
Der Text erschien bereits 1975 mit dem Zusatz »1977«; die wahrscheinlichste Erklärung ist, daß Borges wegen des neuen peronistischen Regimes sein eigenes Exil voraussah.

Al espejo / An den Spiegel
auch in *Schatten und Tiger.*

Talismanes / Talismane
Der unnennbare Schatten der Schlußzeilen dürfte wiederum der Geist Peróns sein.

La cierva blanca / Die weiße Hirschkuh
JLB: »Verfechter einer rigorosen Metrik können die letzte Zeile auch so lesen: *Un tiempo más que el sueño del prado y la blancura* [ein-ig-e Zeit länger als der Traum von Wiese und Weiße]. Die Variante danke ich Alicia Jurado.«

La moneda de hierro / Die eiserne Münze

Vorwort
siebzig Jahre, zu denen der Heilige Geist rät: Ps 90:10.

Demokratie… Mißbrauch der Statistik: Demokratische Wahlen brachten 1973 Argentinien das zweite peronistische Regime – ein guter Grund, nicht an Demokratie als geoffenbartes Allheilmittel zu glauben. Borges trat sofort als Direktor der Nationalbibliothek zurück; dieses Ehrenamt hatte er 1955 erhalten, nach dem Sturz des von ihm bekämpften ersten Perón-Regimes. Da anders als in den meisten lateinamerikanischen Staaten Argentiniens Militärs bisher immer nur geputscht hatten, um nach kurzen Übergangsphasen (der »Reinigung«) die Macht wieder in zivile Hände zurückzugeben, war nach dem Putsch von Videla & Co. gegen Estela Perón zunächst nicht abzusehen, daß es diesmal statt eines kurzen Übergangs eine lange Militärdiktatur mit Morden, Verschleppungen und Folterungen geben würde. Nach einem Gespräch mit den Müttern von Plaza de Mayo distanzierte Borges sich später von den Generalen, die er zunächst als »Caballeros« begrüßt hatte.

Elegía del recuerdo imposible / Elegie des unmöglichen Erinnerns
Cepeda: Hier fand 1859 eine Schlacht im arg. Bürgerkrieg statt, an
der Estanislao del Campo teilnahm; zu diesem vgl. u. a. ›Die Gaucho-
Dichtung‹ in *Kabbala und Tango*.
    Hengist: vgl. ›*Hengist quiere hombres*‹ in *Schatten und Tiger*.

Coronel Suárez / Oberst Suárez
vgl. hierzu ›Página para recordar…‹ in *Die zyklische Nacht* und Anm.
dazu.

Hilario Ascásubi / Hilario Ascásubi
Die Schlußzeilen sind Borges' Zusammenfassung der Lage der Na-
tion kurz vor dem Putsch 1976.

El Perú / Peru
Prescott: verfaßte umfangreiche Werke über die Eroberungen der
Spanier in Amerika (Mexiko, Peru).
    Anprall der Lanzen: Die Schlacht bei Ayacucho, die Spaniens Herr-
schaft über Südamerika beendete, war eine »stumme« Auseinander-
setzung, bei der kein einziger Schuß fiel.
    Eguren: José María Eguren (1874-1942), peruanischer symbolisti-
scher Dichter.
    Steinreliquie: Machu Picchu.

A Manuel Mujica Lainez / An Manuel Mujica Lainez
arg. Autor (1910-1984) mit Hang zum Aristokratisch-Dekadenten.

el conquistador / Der Conquistador
bandeirante: etwa »Fähnleinführer«, nicht genau festschreibbarer
Rang.

Herman Melville / Herman Melville
Walweg: vgl. ›Die Kenningar‹ in *Niedertracht und Ewigkeit*.
    Die letzten viereinhalb Zeilen des Gedichts sind insofern nicht ein-
deutig, als »*Es el oprobio*…«, in der Übersetzung auf die See bezogen,
notfalls auch auf Melville bezogen werden könnte; in diesem Fall
müßten die Anschlüsse entsprechend »*er* ist…« lauten. JLB merkt
an, der »blaue Proteus« stamme von Ovid und sei von Ben Jonson
wiederholt worden.

La suerte de la espada / Das Los des Degens
JLB: »Diese Kompostion ist die absichtliche Umkehr von ›Juan Mu-
raña‹ und ›Die Begegnung‹; beide stammen von 1970.« (Beide in
Spiegel und Maske) Die Anspielungen des Textes beziehen sich auf die
Kämpfe gegen Ende der Rosas-Diktatur und die nachfolgenden Bür-
ger- und Indiokriege Argentiniens; vgl. ›*Alusión a la muerte del coronel
Francisco Borges*‹ in *Borges und ich.*

991 A.D.
JLB: »Es ist das Jahr der Schlacht von Maldon, in England berühmt
dank der Ballade, die den Vorgang behandelt. Die Krieger aus Essex,
besiegt von Olaf Tryggvasons Wikinger, kämpften ohne Hoffnung bis
zum Tod, weil ihr Herr bereits gefallen war und die Ehre dies von
ihnen verlangte. Das knappe Epos ist voll von Umstandsdetails (den
allegorischen Verfahrensweisen der Epoche völlig fremd), die bereits
die Technik der späteren isländischen Sagas vorwegnehmen. Ich
habe hier angenommen, der Dichter sei der Sohn des Führers der
Sachsen, der ihm befohlen habe, sich nicht töten zu lassen, um ihm irgendwie das Leben zu retten und um die Erinnerung an diesen Tag
zu bewahren.«

Einar Tambarskelver / Einar Tambarskelver
vgl. hierzu auch ›Die Schamhaftigkeit der Geschichte‹ in *Inquisitio-
nen.*

Baruch Spinoza / Baruch Spinoza
vgl. hierzu u. a. ›Spinoza‹ in *Die zyklische Nacht.*

Episode vom Feind
auch in *Schatten und Tiger.*

Ein Traum
Hierzu und zu einigen anderen Träumen merkt JLB an: »Einige Seiten dieses Buchs waren Geschenke von Träumen. *Ein Traum* wurde
mir eines Morgens in East Lansing diktiert, ohne daß ich es verstan-
den hätte (oder deshalb besonders beunruhigt gewesen wäre); ich
konnte den Traum später Wort für Wort niederschreiben. Es handelt
sich natürlich um eine bloße psychologische Kuriosität oder, wenn
der Leser sehr großmütig ist, um eine harmlose Parabel über den

Solipsismus. Die Vision vom toten König und die Episode vom Feind waren wirkliche Albträume; um den zweiten zu verbessern, habe ich Artemidors Traktat und den aus dem Traum verschwindenden Stock eingefügt. ›*Heráclito*‹ ist eine unabsichtliche Variante zu ›Averroes auf der Suche‹ [1949, in *Das Aleph*].«

Signos / Zeichen
Chuang-tzus Traum: der jenes Chinesen, der geträumt hatte, er sei ein Schmetterling, und beim Erwachen nicht wußte, ob er ein Mensch sei, der von einem Schmetterling geträumt hatte oder ein Schmetterling, der nun gerade träumte, er sei ein Mensch.

Historia de la noche / Geschichte der Nacht

Inschrift
helmum behongen: »mit Helmen behangen«, Vers 3139 des Beowulf-Epos.

Norweger mit erhobenen Schilden: vgl. ›991 AD‹ im vorliegenden Band.

Kim und der Lama: vgl. Kiplings Roman *Kim*.

Leonor Acevedo: Borges' Mutter.

Alejandría, 641 A.D. / Alexandria, 641 AD
JLB: »Gegen alle Wahrscheinlichkeit spricht Omar von den Arbeiten des Herkules. Ich weiß nicht, ob man daran erinnern muß, daß er eine Projektion des Autors ist. Das tatsächliche Datum ist 1976, nicht das 1. Jahrhundert der Hedschra.«

Alhambra / Alhambra
zekhel: mehrstrophige Liedform im maurischen Andalusien.

Das Pferd
JLB: »Ich muß ein Zitat korrigieren. Chaucer schreibt in *The Squieres Tale* (194): *Therwith so horsly, and so quik of yë.*

The Thing I Am
JLB: »Parolles, eine Nebenfigur in *All's Well that Ends Well*, erleidet eine Demütigung. Jäh erhellt ihn Shakespeares Licht, und er sagt dieses:

> *... Captain I'll be no more*
> *But I will eat and drink and sleep as soft*
> *As captain shall. Simply the thing I am*
> *Shall make me live ...*

Im vorletzten Vers hört man das Echo des furchtbaren Namens *Ich Bin Der Ich Bin*; in der englischen Bibelfassung lautet er *I am that I am*. (Buber hält es für ein Ausweichen des Herrn, der Moses nicht seinen wahren, geheimen Namen sagen will.) Kurz vor seinem Tod irrte Swift umnachtet und einsam von Raum zu Raum, wobei er wiederholte: *I am that I am*. Wie der Schöpfer ist auch das Geschöpf das, was es ist, wenngleich adjektivisch.«

Las causas / Die Ursachen
Chuang-tzu: vgl. Anm. zu *Signos* im vorliegenden Band.

Inhalt

La rosa profunda
Die tiefe Rose

La moneda de hierro
Die eiserne Münze

Anhang

Jorge Luis Borges
Werke in 20 Bänden

Herausgegeben von
Gisbert Haefs und Fritz Arnold

Als Textgrundlage dienen die Gesamtausgaben *Obras completas*
(1974/1989) und *Obras completas en colaboración* (1979) sowie später veröffentlichte Einzelbände. Alle Texte sind vollständig und werden in der von Borges zuletzt bestimmten Fassung wiedergegeben.
Die bisher vorliegenden Übersetzungen wurden von Gisbert Haefs
revidiert bzw. ergänzt, bisher auf Deutsch unveröffentlichte Texte
neu übersetzt. Die Gedichtbände sind zweisprachig. Jeder Band
enthält ein editorisches Nachwort und Anmerkungen.

Mond gegenüber
Gedichte 1923 - 1929
Fervor de Buenos Aires / Buenos Aires mit Inbrunst
Luna de enfrente / Mond gegenüber
Cuaderno San Martín / Notizheft San Martín
Band 10577

Kabbala und Tango
Essays 1930 - 1932
Evaristo Carriego / Evaristo Carriego
Discusión / Diskussionen
Band 10578

Niedertracht und Ewigkeit
Erzählungen und Essays 1935 - 1936
Historia universal de la infamia /
Universalgeschichte der Niedertracht
Historia de la eternidad / Geschichte der Ewigkeit
Band 10579

Jorge Luis Borges · Werke in 20 Bänden

Jorge Luis Borges · Werke in 20 Bänden ·

Die zyklische Nacht
Gedichte 1930 - 1965
El otro, el mismo / Der Andere, der Selbe
Para las seis cuerdas / Für die sechs Saiten
Band 10586

Das Buch von Himmel und Hölle
(mit Adolfo Bioy Casares)
Anthologie 1960
El libro del cielo y del infierno
Band 10587

Schatten und Tiger
Gedichte 1966 - 1972
Elogio de la sombra / Lob des Schattens
El oro de los tigres / Das Gold der Tiger
Band 10588

Spiegel und Maske
Erzählungen 1969 - 1985
El informe de Brodie / David Brodies Bericht
El libro de arena / Das Sandbuch
La memoria de Shakespeare / Shakespeares Gedächtnis
Band 10589

Rose und Münze
Gedichte 1973 - 1977
La rosa profunda / Die tiefe Rose
La moneda de hierro / Die eiserne Münze
Historia de la noche / Geschichte der Nacht
Band 10590

Buch der Träume
(mit Roy Bartholomew)
Anthologie 1976
El libro de los sueños
Band 10591

fi 1599 / 7 c

Fischer Taschenbuch Verlag

fi 1599 / 5 d

»Seine Erzählungen und seine Gedichte sind Erfindungen des Dichters und des Metaphysikers; daher befriedigen sie zwei entscheidende Fähigkeiten des Menschen: den Verstand und die Phantasie.« *Octavio Paz*

Borges lesen

Mit Beiträgen von Jorge Luis Borges,
Fritz Rudolf Fries, Octavio Paz,
Marguerite Yourcenar und Gisbert Haefs
Band 11009

Diese Einführung in das Werk von Jorge Luis Borges enthält vier Essays, die aus verschiedenen Perspektiven und mit unterschiedlichen Ansätzen die Leistung und die Bedeutung von Jorge Luis Borges umreißen. Octavio Paz skizziert Borges' großen Einfluß auf die spanischsprachige Literatur. Fritz Rudolf Fries versucht, eine literarisch-biographische Gesamtdarstellung von Leben und Werk zu geben. Marguerite Yourcenar befaßt sich mit besonderen Formen der Wahrnehmung von Realität und ihrem Ausdruck vor allem auch in Borges' Lyrik. Der Band beginnt mit einem autobiographischen Essay von Borges selbst und endet mit einer Chronik zu dessen Leben und Werk sowie dem Editionsplan der Werkausgabe.

Fischer Taschenbuch Verlag

»Borges' Ironien decken an den poetischen Erfindungen den Charakter des Fiktiven auf. Borges' Grübeleien enthüllen an der gewohnten Wirklichkeit die Züge des Phantastischen.«

Heinz Schlaffer

Heinz Schlaffer
Borges
Band 11709

Dieses Buch über den argentinischen Schriftsteller Jorge Luis Borges, hält sich weder an die Biographie des Autors noch an die Zeitfolge, in der seine Essays, Erzählungen und Gedichte entstanden sind. Vielmehr beschreibt es eigentümliche Nachbarschaften von Themen, Formen und Stilen, zu denen sich einprägsame Momente von Borges' Werk in der Erinnerung an die Lektüre zusammenfinden. Heinz Schlaffer zeichnet – nicht als strenger Philologe, sondern als nachdenklicher Leser – solche ästhetischen Erfahrungen nach, wie sie ganz speziell aus den Schriften dieses Autors zu gewinnen sind. Schlaffers Buch, verständig und verständlich geschrieben, kann dem Anfänger wie dem Fortgeschrittenen als Wegweiser durch Borges' literarische Welt dienen.

Fischer Taschenbuch Verlag

Lyrik

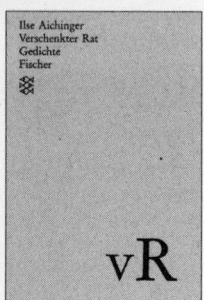

RENÉ CHAR
ZORN UND
GEHEIMNIS

FUREUR ET MYSTÈRE
GEDICHTE
FISCHER

Fischer Taschenbuch Verlag

Lyrik

Robert Creeley
Echos
Band 12036

Mircea Dinescu
**Ein Maulkorb
fürs Gras**
Zweisprachige
Ausgabe
Band 11873

Hilde Domin
Hier
Band 12206
**Nur eine Rose
als Stütze**
Band 12207
**Rückkehr
der Schiffe**
Band 12208

Hilde Domin (Hg.)
**Doppelinter-
pretationen**
Das zeitgenössische
Gedicht
Band 1060

Odysseas Elytis
**To Axion Esti –
Gepriesen sei**
Gedichte
und Prosa
Band 5029

Erich Fried
Anfechtungen
Band 10343
**Befreiung von
der Flucht**
Gedichte und
Gegengedichte
Band 5864
**Die Freiheit
den Mund
aufzumachen**
48 Gedichte
Band 10344
Die bunten Getüme
70 Gedichte
Band 12283

Erich Fried
**100 Gedichte
ohne Vaterland**
Band 10988
Frühe Gedichte
Band 9511
Reich der Steine
Zyklische Gedichte
Band 5959
Von Bis nach Seit
Gedichte aus den
Jahren 1945-1958
Band 11783
Warngedichte
Band 2225

Walter Helmut Fritz
**Mit einer Feder
aus den Flügeln
des Ikarus**
Ausgewählte
Gedichte
Band 9266

Fischer Taschenbuch Verlag

fi 145 / 18 b

Lyrik

Yvan u. Claire Goll
Traumkraut/
Die Antirose
Band 9590

Ludwig Greve
Sie lacht und
andere Gedichte
Band 11524

Klaus Hensel
Stradivaris
Geigenstein
Band 11286

Bruno Hillebrand
Und sage ja zu
diesem Augenblick
Gedichte aus den
Jahren 1960-1985
Band 10842

Peter Huchel
Chausseen,
Chausseen
Band 5120

Matthias Koeppel
Koeppels
Tierleben
In Starckdeutsch
Band 12279
Starckdeutsch
Oine Orrswuuhl
dörr schtahurcköstn
Gedeuchten
Band 11011

Jan Koneffke
Gelbes Dienstrad
wie es hoch durch
die Luft schoß
Band 10786

Michael Krüger
Aus der Ebene
Band 5865
Diderots Katze
Band 2256
Die Dronte
Band 9222
Fünfzig Gedichte
Band 12351

Günter Kunert
Berlin beizeiten
Band 9567

Reiner Kunze
auf eigene
hoffnung
Band 5230
eines jeden
einziges leben
Band 12516
zimmerlautstärke
Band 1934

Ellinor Lau/
Susanne Pampuch
Draußen steht eine
bange Nacht
Band 10716

Peter Maiwald
Balladen von Sam-
stag auf Sonntag
Band 10676
Guter Dinge
Band 10675

Fischer Taschenbuch Verlag

Lyrik

Sylvia Plath
Drei Frauen
Three Women
Ein Gedicht für drei Stimmen
Aus dem Englischen von
Friederike Roth
Fischer

Guntram Vesper
Ich hörte den Namen
Jessenin
Frühe Gedichte
Fischer

Derek Walcott
Das Königreich
des Sternapfels
Gedichte
Fischer

Peter Maiwald
Springinsfeld
Band 12155

Ossip Mandelstam
Gedichte
Band 5312
Im Luftgrab
Band 9187
Mitternacht
in Moskau
Die Moskauer Hefte
Gedichte 1930–1934
Band 9184

Christoph Meckel
Souterrain
Band 5146
Wildnisse
Band 5819

Selma Meerbaum-
Eisinger
Ich bin in Sehn-
sucht eingehüllt
Band 5394

Boris Pasternak
Wenn es aufklart
Gedichte 1956–1959
Band 9566

Sylvia Plath
Drei Frauen/
Three Women
Ein Gedicht für
drei Stimmen
Zweisprachige
Ausgabe
Band 11762

Felix Pollak
Vom Nutzen
des Zweifels
Band 9263

Jan Skácel
wundklee
Band 10129

Guntram Vesper
Ich hörte den
Namen Jessenin
Frühe Gedichte
Band 11282
Die Illusion
des Unglücks
Band 5128

Derek Walcott
Das Königreich
des Sternapfels
Band 11841

Walther von
der Vogelweide
Gedichte
Mittelhoch-
deutscher Text
und Übertragung
Band 6052

Fischer Taschenbuch Verlag

fi 145 / 1 d